EDUCAÇÃO FÍSICA NO BRASIL:
A HISTÓRIA QUE NÃO SE CONTA

LINO CASTELLANI FILHO

EDUCAÇÃO FÍSICA NO BRASIL:
A HISTÓRIA QUE NÃO SE CONTA

PAPIRUS EDITORA

| | |
|---|---|
| Capa | Francis Rodrigues |
| Copidesque | Marilize Silva Pedra |
| Diagramação | DPG Editora |
| Revisão | Caroline N. Vieira, Cristina Mariko Namassu e Josiane de Fátima Pio Romera |

Dados Internacionais de Catalogação na Publicação (CIP)
(Câmara Brasileira do Livro, SP, Brasil)

---

Castellani Filho, Lino
Educação física no Brasil: A história que não se conta/Lino Castellani Filho. – 19ª ed. – Campinas, SP: Papirus, 2013. –
(Coleção Corpo & Motricidade)

Bibliografia
ISBN 978-85-308-0021-5

1. Educação física – Brasil  2. Educação física – Formação profissional  3. Esportes escolares  4. Inovações educacionais  I. Título.

13-00008                                                        CDD-375.6137

---

Índice para catálogo sistemático:
1. Ensino de educação física: Educação 375.6137

19ª Edição – 2013
12ª Reimpressão – 2024
Tiragem: 100 exs.

| | |
|---|---|
| Exceto no caso de citações, a grafia deste livro está atualizada segundo o Acordo Ortográfico da Língua Portuguesa adotado no Brasil a partir de 2009. | Proibida a reprodução total ou parcial da obra de acordo com a lei 9.610/98. Editora afiliada à Associação Brasileira dos Direitos Reprográficos (ABDR).<br><br>DIREITOS RESERVADOS PARA A LÍNGUA PORTUGUESA:<br>© M.R. Cornacchia Editora Ltda. – Papirus Editora<br>R. Barata Ribeiro, 79, sala 316 – CEP 13023-030 – Vila Itapura<br>Fone: (19) 3790-1300 – Campinas – São Paulo – Brasil<br>E-mail: editora@papirus.com.br – www.papirus.com.br |

*HOMENAGEIO*
*Na memória do Zé Ricardo, aqueles que participaram do processo de construção da História e de suas páginas foram apagados.*

*AGRADEÇO*
*À Sandra, minha companheira, ao Xan e ao Rafinha, meus filhos, pela compreensão dos motivos que me fizeram ausente em alguns momentos de suas vidas, bem como a todos os demais que vêm me acompanhando ao longo desses anos de estudo e luta.*

# SUMÁRIO

APRESENTAÇÃO ........................................................................... 9

INTRODUÇÃO ............................................................................. 11

I. "LÁ VEM COM HISTÓRIA" ..................................................... 13

II. DA HISTÓRIA QUE NOS É CONTADA PARA
O REVELAR DE UMA OUTRA HISTÓRIA ............................. 25
*Primeiro ato* ............................................................................. 25
*Segundo ato* ............................................................................. 57
*Terceiro ato* ............................................................................. 79

III. PRA ONDE CAMINHA ESSA HISTÓRIA .............................. 99
*Os depoimentos* ..................................................................... 103
*Tendências na educação física no Brasil* ............................. 152

BIBLIOGRAFIA ......................................................................... 173

# APRESENTAÇÃO
# A HISTÓRIA QUE SE CONTA...

A prática sistemática de atividades físicas, desportivas ou lúdicas não é manifestação exclusiva da cultura contemporânea, mas é, sem dúvida, a partir de um certo crescimento urbano e, principalmente, do processo de industrialização, que essa prática adquire contornos especiais.

A Educação Física por sua vez (canal institucionalizado desta prática), vista num plano educacional mais amplo a partir do final do século XIX e início do século XX, vai sendo incrementada e defendida como uma necessidade imperiosa dos povos civilizados. Claro que sua implantação nas diversas sociedades contemporâneas não tem sido tarefa tranquila. As dificuldades variam de acordo com as contradições inerentes a cada realidade e seus respectivos regime(s) político(s) e cultura.

Também parece certo que, devido às suas características, a Educação Física tem sido utilizada politicamente como uma arma a serviço de projetos que nem sempre apontam na direção das conquistas de melhores condições existenciais para todos, de verdadeira democracia política, social e econômica e de mais liberdade para que vivamos nossa vida plenamente. Pelo contrário, muitas vezes, ela tem servido de poderoso instrumento ideológico e de manipulação para que as pessoas continuem alienadas e impotentes diante da necessidade de verdadeiras transformações no seio da sociedade. Por consequência escreve-se quase sempre uma história que é o próprio reflexo dessa situação de dominação que se pretende eterna.

É contra isso que Lino Castellani se insurge neste seu trabalho. Procura interpretar a Educação Física com outros olhos, tentando fugir da leitura dominante que se faz dela. Busca reescrever a sua história. E a faz de maneira singular. Inspirando-se em Adam Schaff não vê a história como verdade absoluta, definitivamente acabada, mas como processo sujeito a constantes reinterpretações.

Se se buscasse destacar uma das maiores virtudes do Lino, eu diria que é a sua quase obsessão na crítica constante (às vezes empedernida) que faz à "neutralidade política" de todos os envolvidos com a causa da Educação Física, bem como o seu incansável engajamento na luta pela superação desse estado de coisas. É por isso que ele – a exemplo do grande pensador italiano Antonio Gramsci – parece desprezar os indiferentes. Crê que "não podem existir os apenas homens, estranhos à cidade. Quem verdadeiramente vive não pode deixar de ser cidadão e partidário. Indiferença é abulia, parasitismo, covardia, não é vida".

Apoiada numa concepção histórico-crítica da educação, esta obra procura dar indícios de uma prática transformadora da Educação Física no Brasil. Colhendo depoimentos importantes ou relatando fatos dos mais significativos da nossa história, procura a todo momento resgatar a criticidade, tantas vezes ausente nessa área do conhecimento humano. Assim é que *Educação física no Brasil: A história que não se conta* é obra fundamental para podermos entender melhor a nossa história e, a partir daí, melhor atuarmos como profissionais e cidadãos de um país que clama igualmente por mudanças e participação consciente.

*João Paulo S. Medina*

# INTRODUÇÃO

Segundo Aurélio Buarque de Holanda, CARACTERIZAR significa "... descrever com propriedade, individualizar, assinalar...". Mas, ainda segundo ele, pode significar também "... pintar e trajar (o ator), para que pareça a personagem que representa em cena...". Assim, com vistas à elaboração deste estudo, passamos a considerar que, para descrevermos com propriedade a Educação Física, teríamos que despi-la das vestes por ela até então trajadas (descaracterizá-la, portanto), pretendendo-se, com o gesto de desnudá-la, desvendarmos e passarmos a entender a personagem por ela representada no cenário educacional armado no palco social brasileiro. Assim, ao vê-la nua, poderíamos resgatá-la em sua dimensão histórica, nela objetivando-se encontrar a sua identidade.

Isto posto, passamos a admitir como verdadeira a premissa de ter sido de competência da Educação Física, ao longo de sua história, a representação de diversos papéis que, embora com significados próprios ao período em que foram vividos, corroboraram para definir-lhe uma considerável coerência na sequência de sua atuação na peça encenada.

Portanto, tendo sempre presente a preocupação de buscar saber a quais necessidades a Educação Física respondeu no Brasil em seus diferentes momentos históricos, nos propusemos resgatar em seu passado, a influência por ela sofrida das instituições militares e da categoria profissional dos médicos, desde o Brasil império (ainda a partir daquele período), buscando compreendê-lo em seu todo e interpretar a conotação dada pela Educação Física à questão do reforço por ela exercido à estereotipação do comportamento masculino e feminino em nossa sociedade. Mais adiante, já na década de 1930, com o intuito de compreender em que medida as mudanças havidas no reordenamento econômico-social sugeriam, através dos estímulos à Educação Física, a concretização de uma identidade moral e cívica brasileira; analisar seu envolvimento com os princípios de Segurança Nacional, tanto no alusivo à temática da eugenia da raça, quanto àquela inerente à Constituição dos Estados Unidos do Brasil, referente à necessidade do adestramento físico, num primeiro momento necessário à defesa da pátria, face aos "perigos internos" que se afiguravam no sentido de desestruturação da ordem político-econômica constituída, como também à eminência de configuração de um conflito bélico a nível mundial, e, em outro instante, visando assegurar ao processo de industrialização implantado no país, mão de obra fisicamente adestrada e capacitada, cabendo a ela cuidar da recuperação e manutenção da força de trabalho do homem brasileiro. Em um outro momento, já no período pós-64, buscar explicá-la no ensino superior a partir não só da Reforma Universitária consolidada na Lei 5.540/68, como também da hipótese de ter tido tal iniciativa, a intenção de vê-la colaborar, através de seu caráter lúdico-esportivo, com o esvaziamento de qualquer tentativa de rearticulação do Movimento Estudantil, movimento esse que fora vítima de violenta repressão, de ordem tanto física quanto ideológica.

Por fim, ao apreendermos os significantes dessa outra leitura da História da Educação Física no Brasil, buscar correlacioná-los com as tendências que a permeiam, na direção do estabelecimento de relações entre os papéis por ela representados ao longo de sua existência e sua configuração presente.

Unitermos: Educação, Educação Física, História da Educação, História da Educação Física.

# I
# "LÁ VEM COM HISTÓRIA"

*Era uma vez...*

Um grande "quebra-cabeça". As peças estavam todas embaralhadas aleatoriamente em cima de um enorme tabuleiro. Dispor as peças ordenadamente, compondo o quadro, era o objetivo maior a ser alcançado. O engraçado era que as peças não estavam desarticuladas de forma idêntica para todos os participantes do jogo. Alguns já as tinham – uns mais, outros menos – ordenadas. Sabia-se também que, ao final do jogo, muitos não teriam encaixado todas as peças em seus devidos lugares. Por sua vez, outros, por o terem conseguido, já estariam montando um outro quebra-cabeça, com mais peças, mais complexo.

A duração do jogo? A vida inteira. Seu significado? A busca da própria compreensão do mundo em que vivemos. Da percepção da nossa presença nele. A leitura da realidade...

A situação presente no início do jogo simbolizaria nossa visão sincrética do real. A duração do jogo, o tempo necessário para as constantes e contínuas abstrações, reflexões que conduziriam ao "concreto pensado".

Algumas palavras – molhadas de simplicidade, mas nem por isso pouco significativas – nos ajudaram a seguir na montagem desse e de outros tantos quebra-cabeças. Umas chegaram até nós, inclusive, em forma de poema:

*VER AS COISAS POR FORA*
*É FACIL E VÃO!*
*POR DENTRO DAS COISAS*
*É QUE AS COISAS SÃO!*

Quantas e quantas vezes me surpreendi inquieto, ansioso, buscando "Ver as coisas por dentro"! Se não era o poeta português Carlos Queirós que me alertava para a veleidade de "Ver as coisas por fora", era Brecht que me instigava a procurar saber

*PARA ONDE FORAM OS PEDREIROS*
*NA NOITE EM QUE FICOU PRONTA*
*A MURALHA DA CHINA*

... Se lancei mão da alegoria do "Jogo de Quebra-Cabeça" para deixar passar – de forma simbólica – minha compreensão do processo de apreensão do real, é porque tenho no jogo propriamente dito um "companheiro" inseparável no trato das questões da Educação Física. Sim, pois é a história dela que me proponho a reescrever.

Várias são as causas determinantes desse interesse. De certo, o fato de possuir uma prática profissional vinculada à Educação Física – nela tendo me especializado há treze anos –, estando há onze envolvido na formação de futuros profissionais, é uma delas. E foi, sem dúvida, a partir desse envolvimento que pude constatar estar o conteúdo programático próprio da História da Educação Física, desenvolvido nos mais de cem cursos superiores existentes no Brasil de hoje, recebendo um tratamento singularmente igual, imposto pelo caráter extremamente limitado do referencial teórico existente sobre a matéria, utilizado pelos responsáveis em seu ministrar. Tal limitação diz respeito não propriamente à sua qualidade, nem tampouco à quantidade de publicações concernentes ao assunto, mas, principalmente, à maneira homogeneizante como ela vem sendo tratada.

Isto ocorre, a meu ver, por ser basicamente uma fonte geradora da produção bibliográfica pertinente à História da Educação Física no Brasil, da qual lançam mão os especialistas responsáveis pelo seu manuseio. Refiro-me, neste particular, às obras do professor Inezil Pena Marinho.

Não por serem elas a única fonte, nem tampouco aquelas que – a nosso julgamento – melhor explicitem uma determinada visão da História da Educação Física, mas sim – e o porquê disso será motivo de nossa análise – por serem aquelas que maior aceitação lograram obter junto aos seus profissionais.

Se não bastasse tal constatação para nos motivar a contrapor à visão oficial uma outra, explicita-se ainda um outro aspecto relevante: a concepção de História da Educação Física, dominante nos seus bancos acadêmicos, gerada no início da década de 1940. O professor Inezil, autor de vasta obra na área da Educação Física, incursionou pela primeira vez pelos caminhos de sua história, no ano de 1943, quando publicou sua *Contribuição para a história da educação física no Brasil*. Nove anos mais tarde, voltou a discorrer sobre ela, publicando sob os auspícios do Ministério da Educação e Saúde, através de sua Divisão de Educação Física, o primeiro volume de uma série de quatro (embora, na época, cinco fossem previstos) sob o título *História da educação física e dos desportos no Brasil*. Naquele mesmo ano de 1952, foi publicado o segundo volume, sendo que o terceiro e o quarto o foram nos anos subsequentes. Em 1980, a Cia. do Brasil Editora lançou um volume que, ao buscar resumir o teor consubstanciado nos quatro anteriores, além de nada acrescentar à análise até então desenvolvida, empobreceu-a consideravelmente.

Em vista do acima exposto, menos em razão das possíveis diferenças na seleção e leitura dos fatos relacionados à História da Educação Física – passíveis de serem detectadas entre mim e o professor Inezil – do que à premência de obedecer aos ditames de uma outra situação histórica, prenhe de novas necessidades e sensível aos atuais efeitos ocasionados pelos acontecimentos do passado, corporificava-me a imperiosidade de assumir o compromisso de reescrever a História da Educação Física no Brasil.

Das leituras que fiz a esse respeito, uma marcou-me mais profundamente. Refiro-me à *História e verdade*, do polonês Adam Schaff. Através dela, fui levado a refletir sobre as razões que animam os historiadores a reescreverem continuamente a História.[1]

Schaff, ao buscar responder a essa indagação, induz-nos a analisarmos duas concepções que, embora não se eliminem reciprocamente – pelo contrário, até complementam-se –, nos dão diferentes explicações a esse respeito. A primeira delas, identificada com as posições do "Presentismo" – o qual, levado a extremo, acaba por negar a verdade histórica objetiva, concluindo assim, pela negação da história como ciência –, entende ser a reinterpretação da história, movida pelas necessidades variáveis do presente. A outra, a entende ocasionada pelos efeitos dos acontecimentos do passado, emergindo no presente.[2]

Com relação àquela identificada com as posições do "Presentismo", lembra-nos Schaff que, se fizermos um exercício de não incorrermos no extremismo a ele arraigado, deparamo-nos com uma tese com reconhecido fundamento, qual seja, "... reescrevemos continuamente a História porque os critérios de avaliação dos acontecimentos passados variam no tempo e que, por consequência, a percepção e a seleção dos fatos históricos mudam, para modificar a própria imagem da História...".[3]

Ainda no interior dessa concepção, Schaff nos coloca uma outra questão: "... Quando é que os historiadores são incitados a formular novos juízos e a empreender uma nova penetração da História?". E responde na direção apontada por Carl Becker, por ele citado: "... Os períodos de estabilidade, propícios ao sentimento de satisfação do presente, favorecem igualmente o consenso social quanto à imagem tradicional do passado; ao contrário, nos períodos de crise e de oposição, quando a estabilidade é abalada, os homens descontentes com o presente são inclinados a estarem também descontentes com o passado: a História é então submetida a uma reinterpretação na perspectiva dos problemas e das dificuldades do presente...".[4]

---

1. Adam SCHAFF, *História e verdade*, p. 269.
2. *Ibid.*, p. 270.
3. *Ibid.*, p. 272.
4. *Ibid.*, pp. 272-273.

A anatomia do homem é a chave da anatomia dos macacos. Nas espécies animais inferiores, não se podem compreender os sinais anunciadores de uma força superior, senão quando esta já é conhecida... (Karl Marx, *Introdução à contribuição à crítica da economia política*)

É chamando por Marx que Schaff se apressa a nos introduzir no entendimento de que "... basta a fase superior do desenvolvimento de um dado fragmento da realidade, revelando os efeitos dos acontecimentos passados, para permitir a percepção e a avaliação correta desses acontecimentos...".[5] Com essa afirmação, apoiada naquele aforisma do filósofo alemão, Schaff debruça-se sobre a segunda concepção, anteriormente mencionada, segundo a qual "... a visão da História varia em função da emergência constante de novos efeitos dos acontecimentos passados...".[6]

Traz, então, Schaff, à nossa presença, estudiosos que, embora possuindo entendimentos semelhantes a respeito do assunto, abordam-no de maneira distinta.

Primeiramente, apresenta-nos Sidney Hook, dizendo que "... a História é reescrita quando emergem perspectivas novas que nos permitem perceber o significado de certos acontecimentos do passado, que havia escapado à atenção dos contemporâneos. Estes acontecimentos inserem-se nos modelos de continuidade, incluindo os acontecimentos que constituíam o futuro para os que viviam no passado (...) Do mesmo modo, os nossos descendentes compreenderão melhor o nosso século do que nós porque serão capazes de ver as conseqüências de acontecimentos que ignoramos atualmente, e que constituem as premissas de tendências importantes que darão os seus frutos quando já não existirmos...".[7]

Após passar por M.J. Dhout e Karl Heussi, Schaff se reporta a J.H. Randall, a quem atribui o mérito de melhor ter desenvolvido a seguinte

---

5. *Ibid.*, p. 273.
6. *Ibid.*, p. 273.
7. *Ibid.*, pp. 274-275.

ideia: "... Os novos efeitos dos acontecimentos passados mudam o significado do passado, o significado do que aconteceu (...) Neste sentido, a evolução não pode, pela natureza das coisas, ser plenamente compreendida por aqueles que são os seus atores. Estes não podem compreender o *significado* ou os efeitos do que fazem, porque não podem prever o futuro. Compreendemos esta evolução apenas no momento em que ela constitui uma parte do nosso próprio passado: e se ele continua a produzir os seus efeitos, os nossos filhos percebê-lo-ão em termos diferentes dos nossos. Neste sentido (...) não se pode compreender plenamente a história acontecida senão à luz de todos os seus efeitos realizados e reconhecidos. O *significado* de qualquer fato histórico consiste no significado que ele possui ainda, na sua ação, nos efeitos que dele resultam...".[8]

Diante do exposto, e ainda caminhando com Schaff, deparamo-nos com a concorrência de dois fatores para a reinterpretação constante da história, assim descritos por ele: (A) "... a emergência no processo histórico dos efeitos dos acontecimentos passados, constituindo o *significado* destes últimos..."; e (B) "... a mudança dos critérios da seleção dos fatos históricos resultantes de um novo condicionamento das atitudes e das opiniões dos historiadores...". Tais fatores, complementa Schaff, "... estão ligados ao presente, que é o futuro em relação aos acontecimentos passados...".[9]

Mas poderíamos argumentar na sombra de Schaff, que, diante dessa imensa gama de possibilidades de se fazer a leitura do passado, poderíamos estar negando o caráter objetivo do conhecimento histórico, negando a viabilidade de se alcançar, por intermédio desse conhecimento histórico, a verdade objetiva. O próprio Schaff responde-nos que não, desde que não cometamos o erro de "... identificar o caráter objetivo da verdade com o seu caráter absoluto...". E conclui: "... as verdades parciais, fragmentárias, não são erros: constituem verdades objetivas, se bem que incompletas. Se a História nunca está definitivamente acabada, se está subordinada a constantes reinterpretações, daí resulta apenas ser ela um processo e não uma imagem definitivamente acabada, não uma verdade absoluta. Desde o

---

8. *Ibid.*, pp. 276-277.
9. *Ibid.*, p. 277.

momento em que se toma o conhecimento histórico como processo e superação das verdades históricas (...) compreende-se o porquê da constante reinterpretação da história, da variabilidade da imagem histórica: variabilidade que, longe de negar a objetividade da verdade histórica, pelo contrário, a confirma...".[10]

Ao alongar-me nessas citações, quis, acima de tudo, deixar claras as razões que me levaram a priorizar este estudo no meio de muitos outros que poderiam ser alvos de minha atenção. Além de, também, explicitar a principal fonte do entendimento que possuo a respeito do reescrever a História.

Interessava-me, ainda, indo ao encontro do meu intento de reescrever a História da Educação Física, trazer "para dentro" do contexto da Educação brasileira contemporânea, o debate sobre um tema a respeito do qual, ela, Educação, através de seus porta-vozes tupiniquins, mostrava-se refratária.

Com efeito, excetuando-se o clássico *Da educação física*, de autoria do professor Fernando de Azevedo, publicado pela primeira vez em 1916 e reeditado por duas outras oportunidades, uma em 1920 e a segunda, mais completa, em 1960 –, não seria incorreto afirmar não estar merecendo ela atenção dos que hoje detêm-se no refletir a Educação brasileira.

A Educação Física – segundo expressão do filósofo português Manuel Sérgio, ramo pedagógico da ciência da Motricidade Humana, ciência da compreensão e explicação da conduta motora humana[11] –, vem sendo refletida por filósofos e educadores de diversos países. Mesmo assim, aqueles que dela fazem seu campo de estudo e pesquisa, associando-a a contextos educacionais mais amplos, lutam contra o descaso da maioria dos teóricos que preconceituosamente percebem-na como elemento menor, secundário, do fenômeno educacional. Não raro visualizam-na unicamente como instrumento de veiculação da ideologia dominante, alienada e alienante, numa clara alusão à ótica crítico-reprodutiva. Noronha Feio, português, professor de Educação Física, em sua obra *Desporto e política: Ensaios para a sua*

---

10. *Ibid.*, p. 277.
11. Manuel Sergio VIEIRA E CUNHA. *A investigação epistemológica na ciência da motricidade humana.*

*compreensão*, vai mais longe ao afirmar que "... a política reacionária aliada ao eterno desprezo dos intelectuais burgueses (unilateralmente educados), mesmo que militem em partidos de esquerda, susteve, até hoje, no setor da Educação Física e Desportos, qualquer tentativa de estruturação da investigação científica (...) chegando a espantar o estado de tamanho desleixo e esquecimento a que se chegou!...".[12]

Mesmo assim, há estudos que, como o de Jacques Rouyer, dizem ser possível "... medirmos melhor a importância de uma nova concepção da Educação Física, quando adquirimos, pelo estudo histórico, a convicção de que se trata de ultrapassar o sistema de Classe de Educação, que contém a marca da separação do trabalho intelectual e manual na vida social...".[13] Neste entendimento, vislumbra-se uma concepção de Educação Física afinada à Concepção Histórico-Crítica. É ele ainda que nos diz que "... O caráter social de toda a Educação não deve ser esquecido, da mesma forma que o caráter de totalidade da atividade humana. O primeiro princípio científico da teoria desta Educação Física é realmente fundamentar os seus fins e os seus meios na prática social em desenvolvimento. É pela aprendizagem das diversas formas do trabalho manual que o Homem poderá adquirir uma grande habilidade, uma verdadeira cultura politécnica. É na prática e no decurso da assimilação das atividades de desenvolvimento do ócio atual, desporto, dança etc., que ele enriquecerá igualmente as suas aptidões motrizes...".[14]

E complementa: "... E assim que o Ser Humano humaniza-se, que a inteligência, ao mesmo tempo prática e conceitual, se desenvolve, formando-se uma pessoa social que pode agir eficazmente na vida. A sociedade por seu lado vê aumentar, direta ou indiretamente, as suas forças produtivas e as relações de aperfeiçoamento...".[15]

---

12. Noronha FEIO, *Desporto e política: Ensaios para a sua compreensão*, p. 50.
13. Jacques ROUYER, "Pesquisas sobre o significado humano do desporto e dos tempos livres e problemas da história da educação física". In: *Desporto e desenvolvimento humano*, p. 193.
14. *Ibid.*, pp. 193-194.
15. *Ibid.*, p. 194.

As palavras de Jacques Rouyer parecem apenas refletir aquilo que Marx externara a respeito da Educação Física, e que Manacorda, em seu trabalho *Marx y la pedagogía moderna* explicitou no trato dos momentos em que ele se reporta à questão do ensino. Nas "Instruções", diz Manacorda, ele nos passa uma "verdadeira e autêntica definição do conteúdo pedagógico do ensino socialista":

... Por enseñanza, nosotros compreendemos tres cosas:
– Primera: Enseñanza intelectual;
– Segunda: Educación física;
– Tercera: Adiestramiento tecnológico, que transmita los fundamentos científicos generales de todos los procesos de produccion, y que, al mismo tiempo, introduzca al niño y al adolescente en el uso prático y en la capacidad de manejar los instrumentos elementares de todos los oficios...[16]

A não secundarização do elemento "Educação Física" no conteúdo pedagógico do ensino socialista, é evidenciada por Manacorda quando nos induz a entender caber a ela a correção dos desvios oriundos de um modelo social desumanizante: "... En cuanto a los tres momentos en que Marx acopla la enseñanza – intelectual, física, tecnológica – dejando aparte aquí la educación física (no secundaria, por lo demás, en un sistema que destruye y mutila fisicamente al obrero, además de embrutecerlo espiritualmente)".[17]

Em 2 de junho de 1987, Florestan Fernandes, em debate em torno do tema "Educação e Constituinte" realizado na Assembleia Legislativa de São Paulo, fez por reforçar a imperiosidade de não a menosprezarmos, quando, num momento de sua fala, nos alertou para o fato de não poder a Escola propiciar um ensino unilateral, especializado. "Deveria, sim, contemplar, além da educação intelectual, a educação dos sentidos, devendo, portanto, a Educação Física nela ser contemplada..."

Para mim, as causas determinantes deste meu intuito de debruçar-me sobre a Educação Física no Brasil, com vistas a reescrever sua história, assentam-se ainda em meu intento de, ao deparar com uma outra leitura

---
16. Mário MANACORDA, *Marx y la pedagogía moderna*, p. 33.
17. *Ibid.*, p. 33.

dessa história, apreender seus significantes relativos às tendências que a permeiam, buscando estabelecer relações entre os *papéis* representados pela Educação Física ao longo de sua existência e sua configuração presente.

Para o alcance de tal proposição, a ser objeto de análise no último capítulo deste livro, pretendo, sob o título "Pra onde caminha essa história", recorrer tanto às minhas incursões – realizadas no transcorrer dos últimos anos em congressos, simpósios, seminários, encontros, eventos, enfim, promovidos por entidades ora representativas dos professores de Educação Física na qualidade de segmento da categoria profissional dos docentes, ora ao movimento estudantil na Educação Física, ora daqueles setores acadêmicos responsáveis pela produção e pela sistematização do conhecimento em Educação Física – quanto ao estabelecimento de "contrapontos" com personagens vivas de sua história, mediante depoimentos obtidos deles, *atores coadjuvantes* que, de uma forma ou de outra, representaram *papéis* de destaque no *espetáculo* que a Educação Física encenou no *cenário* educacional montado no *palco* social brasileiro. *Palco* esse, assim como seu *cenário* e seus *atores*, elemento vivo no *espetáculo* em questão, alterando-se de conformidade com os elementos de ordem conjuntural e estrutural que se faziam presentes nos momentos de suas *performances*.

Em relação às tendências, três são, a nosso ver, as que hoje encontram na Educação Física, em nosso país, maior significância: uma que se apresenta na sua *biologização*; outra que se percebe na sua *psicopedagogização*; e a última, que reflete – na Educação Física – sinais que possam vir a apontar para a sua inserção na proposta de uma pedagogia sedimentada, segundo classificação de Dermeval Saviani, na concepção histórico-crítica de Educação.

Na busca da caracterização dos pressupostos teóricos que lhes servem de fundamento, presentes nas concepções filosóficas que norteiam a produção de conhecimento em cada uma delas, possuíamos a intenção de estabelecer a correlação de forças existentes entre elas, contrapondo aquelas que, agrupadas em um único bloco, detêm a hegemonia daquela outra que, apresentando-se como força emergente, mais se identifica com a proposta de uma prática transformadora na Educação Física no Brasil.

Antes, porém, de discorrermos sobre os movimentos que se fazem presentes no interior da Educação Física Brasileira, e que se nos apresentam sob a forma de tendências, cumpre-nos o compromisso de trabalhar a questão que dá título a esta dissertação, qual seja, o de revelar "a História que não se conta". Ao assim o fazermos, contudo, estaremos simultaneamente referindo-nos "àquela que nos é contada", até mesmo pela compreensão de que, para a concretização da intenção de reescrever a sua História, necessário se faria, pela própria dinamicidade intrínseca ao processo, o conhecimento prévio da versão da história que prevalece hegemonicamente junto aos profissionais da área. Recebe, pois, o Capítulo II, o título "Da história que nos é contada para o revelar de uma outra história".

Em estudo denominado "A (des)caracterização profissional-filosófica da educação física",[18] por nós entabulado, a nível de esboço para a dissertação em apreço, recorremos a Aurélio Buarque de Holanda para dele sabermos o significado da palavra "caracterizar", que dava título ao estudo mencionado. Segundo ele, "caracterizar" significa "... descrever com propriedade, individualizar, assinalar...". Mas, ainda segundo ele, pode significar, também, "... pintar e trajar (o ator), para que pareça a personagem que representa em cena...". Assim sendo, passamos a considerar que para descrevermos com propriedade a Educação Física, teríamos que despi-la das vestes por ela até então trajada (descaracterizá-la, portanto), pretendendo-se, com o gesto de desnudá-la, desvendarmos e passarmos a entender a personagem por ela representada no cenário educacional armado no palco social brasileiro. Assim, ao vê-la nua, poderíamos resgatá-la em sua dimensão histórica, nela objetivando-se encontrar a sua identidade.

Isto posto, passamos a admitir como verdadeira a premissa de ter sido de competência da Educação Física, ao longo de sua história, a representação de diversos papéis que, embora com significados próprios ao período em que se encontrava, corroboraram para definir-lhe uma considerável coerência na sequência de sua atuação na peça encenada.

---

18. Lino CASTELLANI FILHO, "A (des)caracterização profissional-filosófica da educação física". *Revista Brasileira de Ciências do Esporte* 4(3), pp. 95-101.

Assim, tendo sempre presente a preocupação de buscar saber a quais necessidades estruturais e conjunturais a Educação Física respondeu no Brasil em seus diferentes momentos históricos, propomo-nos resgatar em seu passado, neste Capítulo II, a influência por ela sofrida das instituições militares e da categoria profissional dos médicos, desde o Brasil império (ainda a partir daquele período) buscando compreendê-lo em seu todo, interpretar a conotação dada pela Educação Física à questão do reforço por ela exercido à estereotipação do comportamento masculino e feminino em nossa sociedade; mais adiante, já na década de 1930, com o intuito de compreender em que medida as mudanças havidas no reordenamento econômico-social sugeriam, através dos estímulos à Educação Física, a concretização de uma identidade moral e cívica brasileira, analisar o envolvimento da Educação Física com os princípios de Segurança Nacional, tanto no alusivo à temática da Eugenia da Raça quanto àquela inerente à Constituição dos – na época – Estados Unidos do Brasil, referente à necessidade do adestramento físico, num primeiro momento necessário à defesa da Pátria, face aos "perigos internos" que se afiguravam no sentido de desestruturação da ordem política-econômica constituída, como também à eminência de configuração de um conflito bélico a nível mundial, e, em outro instante, visando assegurar ao processo de industrialização implantado no país, mão de obra fisicamente adestrada e capacitada, cabendo a ela cuidar da recuperação e manutenção da força de trabalho do trabalhador brasileiro. Por fim, em um outro momento, já no período pós-64, buscar explicá-la no ensino superior, tendo em vista a Reforma Universitária consolidada na Lei 5.540/68, como também a partir da hipótese de ter tido tal iniciativa, a intenção de vê-la colaborar, através de seu caráter lúdico-esportivo, com o esvaziamento de qualquer tentativa de rearticulação do movimento estudantil, movimento esse que fora vítima de violenta repressão, de ordem tanto física quanto ideológica.

Bem... As peças do nosso *Quebra-cabeça* aí estão, não de todo desarticuladas...

Passemos, doravante, a ordená-las, guardando conosco a pretensão de, ao assim fazermos, estarmos contribuindo para que outros também o façam.

# II
# DA HISTÓRIA QUE NOS É CONTADA PARA O REVELAR DE UMA OUTRA HISTÓRIA

PRIMEIRO ATO

> ... *Devemos citar ainda a Escola de Educação Física do Exército, subordinada ao Ministério da Guerra pela Inspetoria Geral do Ensino no Exército, aliás, Célula Mater da Educação Física oficial no Brasil...*
> Maria Lenk

*Sobe o pano...*

## Cena I

Ao folhearmos as páginas que tratam da história da Educação Física no Brasil, quase sempre nos deparamos – notadamente quando elas se reportam ao tempo do Império e aos primeiros momentos do Período Republicano – a uma série de citações que a vinculam à história das instituições militares em nosso país. Nesse particular, faz-se dever realçarmos o mérito do professor Inezil Penna Marinho, por ter sido aquele que, ao longo de seus trabalhos em torno dessa questão, arquitetou a compilação das informações relativas a essa estreita relação. A maioria daqueles que escreveram e escrevem sobre a história da Educação Física brasileira lançaram e continuam lançando mão dos dados coletaneados pelo professor Inezil.

Também eu, em estudo mencionado no capítulo introdutório, nele apoiei-me em busca das referidas informações. Pude assim dizer estar a história da Educação Física no Brasil se confundindo, em muitos de seus momentos, com a dos militares. A criação da Escola Militar pela Carta Régia de 4 de dezembro de 1810, com o nome de Academia Real Militar, dois anos após a chegada da família real ao Brasil; a introdução da ginástica alemã, no ano de 1860, através da nomeação do alferes do Estado Maior de segunda classe, Pedro Guilhermino Meyer, alemão, para a função de contramestre de ginástica da Escola Militar; a fundação, pela missão militar francesa, no ano de 1907, daquilo que foi o embrião da Escola de Educação Física da Força Policial do Estado de São Paulo – o mais antigo estabelecimento especializado de todo o país –; a portaria do Ministério da Guerra, de 10 de janeiro de 1922, criando o Centro Militar de Educação Física, cujo objetivo enunciado em seu artigo primeiro era o de dirigir, coordenar e difundir o novo método de Educação Física e suas aplicações desportivas – centro esse que só passou a existir, de fato, alguns anos mais tarde, quando do funcionamento do curso provisório de Educação Física – somados a muitos outros fatos, como por exemplo a marcante presença dos militares na formação dos primeiros professores civis de Educação Física, em nosso meio, validam a referida afirmação.[1]

O sentimento da pujança de tal relacionamento manifesta-se claramente na expressão cunhada pela professora Maria Lenk em 1942(2)[2] – que nos serve de introito a essa discussão – expressão essa que chegou a ser repetida inúmeras vezes por outros tantos profissionais da área, ao longo desses anos. Em entrevista a nós concedida em 24 de janeiro de 1986, na

---

1. Lino CASTELLANI FILHO, "A (des)caracterização profissional-filosófica da educação física". *Revista Brasileira de Ciências do Esporte* 4(3), p. 96.
2. Maria LENK, *Organização da educação física e desportos*, p. 50.

Universidade Federal do Rio de Janeiro, o professor Waldemar Areno, médico, vice-diretor da primeira diretoria civil da Escola Nacional de Educação Física da Universidade do Brasil (tendo assumido parte do mandato de diretor dessa primeira gestão civil, em substituição ao então diretor, professor Carlos Sanches de Queirós), referiu-se à Escola de Educação Física do exército como sendo "... uma Escola de respeito (...) uma instituição a quem nós devemos render homenagens (...) um dos berços da Educação Física no Brasil...". E conclui ele sua fala sobre a Escola do Exército, dizendo ter por ela "... um respeito extraordinário, (constituindo-se) até hoje, num centro de estudo, de pesquisa, de trabalho sério em favor da Educação Física e da Medicina Desportiva...".[3]

Também o primeiro diretor civil da Escola Nacional de Educação Física da Universidade do Brasil – criada pelo Decreto-lei 1212 de 17 de abril de 1939 –, professor Carlos Sanches de Queirós, em conferência intitulada "Filosofia e educação física", proferida no dia 30 de outubro de 1941, no Palácio Tiradentes, em evento patrocinado pela Associação Brasileira de Educação Física, reforça aos nossos olhos de hoje a importância devida, à época, à Escola de Educação Física do Exército. Em vários instantes de sua palestra, publicada em fevereiro de 1942, pelo Departamento de Imprensa e Propaganda do Estado, DIP, como parte da série "Estudos e Conferências", ao tratar da forma "nada educativa" como a Educação Física e o Esporte vinham sendo contemplados nas associações civis ("... A atitude descontrolada e pouco digna que freqüentemente se observa nos campeonatos interclubes, tanto por parte dos jogadores, como por parte do público que os assiste, é uma prova irrefutável do fracasso destas agremiações como entidades educativas...")[4] justifica a aparição das "Classes armadas" nesse cenário: "... Foi conhecendo a gravidade do problema que as Classes armadas, num gesto de grande visão patriótica, iniciaram modestamente o seu fecundo e honesto núcleo de trabalho e catequese – a Escola de Educação Física do Exército.

---

3. Waldemar ARENO, entrevista concedida em 24 de janeiro de 1986, p. 3.
4. Carlos Sanches de QUEIRÓS, "Filosofia e educação física", Departamento de Imprensa e Propaganda. *Estudos e Conferências*, p. 67.

Graças a este grupo de pioneiros, o conceito da Educação Física cresceu e se esclareceu na alma do povo, que nela passou a ver não uma simples aplicação de grosseiros métodos empíricos ao alcance de todos, mas uma verdadeira e delicada arte cujo exercício demanda conhecimentos científicos bem especializados...".[5]

*Cena II*

Dissemos que discorrer sobre a Educação Física no Brasil passa, necessariamente, pela análise da influência, por ela sentida, das instituições militares.

Detalhar os fatos que evidenciam a presença dos militares nos caminhos da Educação Física Brasileira não nos é, contudo, prioritário. Outras tantas citações alusivas à relação em questão, além daquelas já enunciadas, poderiam ser aqui lembradas. Porém, não é essa a intenção que nos anima. Mais do que evocar, neste estudo, os fatos que evidenciam as relações entre os militares e a Educação Física, alenta-nos o propósito de nos determos na análise do significado dessas relações.

Tal intenção cresce em importância na medida em que sabemos terem sido as instituições militares aquelas que mais sensíveis se mostraram à influência da filosofia positivista.

É sabido que o positivismo logrou alcançar êxito entre nós pelo fato de sofrer o Brasil – face a um processo de colonização bancado por um Portugal em muito atrasado no cenário cultural europeu da época – uma síndrome de insuficiência filosófica exacerbada, haja vista apenas existir naquela época no país uma fundamentação filosófica de ordem Tomista, implantada pela Igreja Católica. Interage com esse fator aquele outro pertinente aos anseios de progresso próprios de um país jovem, ansioso por crescer. A filosofia Comteana veio atender, assim, às necessidades de um Brasil ressentido de um componente filosófico contundente e em busca

---

5. *Ibid.*, p. 67.

de um referencial teórico-filosófico que fosse ao encontro de sua disposição para o progresso.

Quem abre espaço para esse entendimento é Antonio Carlos Bergo em dissertação de mestrado denominada "O Positivismo como superestrutura ideológica no Brasil e sua influência na Educação". Nesse particular, revela-se de enorme importância para o desenvolver de nosso raciocínio a sua constatação de terem sido a Escola Militar, o Colégio Militar e a Escola Naval as instituições que – dentro do terreno da heterodoxia positivista – maior contributo prestaram ao abarcamento dos ideais positivistas em nosso meio.[6]

É, pois, a filosofia positivista – primeiramente na República Velha, sob a tônica da "Ordem e Progresso", e, posteriormente, já na República hodierna, sob a égide da "Segurança" (no lugar da "Ordem") e "Desenvolvimento" (no lugar do "Progresso") – que ensopa as instituições brasileiras, especialmente a militar, dando a esta última elementos para a formulação da Doutrina da Segurança Nacional. Quanto a esta doutrina, Bergo assim refere-se à sua lógica: "... Se, no início da República, o problema era livrá-la (a nação brasileira) do atraso secular, hoje é livrá-la do subdesenvolvimento, porque, segundo os teóricos, ela é a nação chave da América Latina para a defesa do Ocidente. À Escola Superior de Guerra, coube a adaptação da doutrina aos novos tempos. O objetivo é acelerar o progresso, mas manter a continuidade sócio-econômica...", resume Antonio Carlos.[7]

Conter regras que "... conduzam à maior eficiência – otimização da ação – precisamente indicando o caminho de maior probabilidade de êxito (desenvolvimento) com a menor probabilidade de risco (segurança)...",[8] é assim que a Escola Superior de Guerra, em seu *Manual básico*, refere-se ao "conteúdo político" da Doutrina da Segurança Nacional.

---

6. Antonio Carlos BERGO, "O positivismo como superestrutura ideológica no Brasil e sua influência na educação", p. 161.
7. *Ibid.*, p.161.
8. Escola Superior de Guerra. *Manual básico*, p. 16.

## Cena III

Tendo suas origens marcadas pela influência das instituições militares – contaminadas pelos princípios positivistas e uma das que chamaram para si a responsabilidade pelo estabelecimento e manutenção da *ordem social*, quesito básico à obtenção do almejado *Progresso* – a Educação Física no Brasil, desde o século XIX, foi entendida como um elemento de extrema importância para o forjar daquele indivíduo "forte", "saudável", indispensável à implementação do processo de desenvolvimento do país que, saindo de sua condição de colônia portuguesa, no início da segunda década daquele século, buscava construir seu próprio modo de vida. Contudo, esse entendimento, que levou por associar a Educação Física à *Educação do Físico*, à *Saúde Corporal*, não se deve exclusivamente, nem tampouco prioritariamente, aos militares. A eles, nessa compreensão, juntavam-se os médicos que, mediante uma ação calcada nos princípios da medicina social de índole higiênica, imbuíram-se da tarefa de ditar à sociedade, através da instituição familiar, os fundamentos próprios ao processo de reorganização daquela célula social. Ao assim procederem, ao tempo em que denunciavam os malefícios da estrutura familiar do período colonial, autoproclamavam-se a mais competente das categorias profissionais para redefinir os padrões de conduta física, moral e intelectual da "nova" família brasileira.

A produção acadêmica do período – a maioria elaborada como tese apresentada ao Colégio do Rio de Janeiro, denominação de então, da Faculdade de Medicina do Rio de Janeiro – reflete a relevância dada à Educação Física pelos médicos. O professor Inezil, em sua *História da educação física e dos desportos no Brasil*, editada em 1952,[9] como também naquela outra editada em 1980 sob o título *História geral da educação física*,[10] lista-nos os trabalhos apresentados àquele colégio.[11]

---

9. Inezil Penna MARINHO, *História da educação física e dos desportos no Brasil*, v. 1, pp. 97-173.
10. Idem, *História geral da educação física*, pp. 158-161.
11. A saber: (1845) – Manoel Pereira da Silva Ubatuba. *Algumas considerações sobre a educação física*;
    (1845) – Joaquim Pedro de Melo. *Generalidades acerca da educação física dos meninos*;

Embora ganhando, no Brasil, contornos próprios, não se pode, contudo, descartar aquilo que se passou na Europa no século XVIII, para melhor entendermos, então, a grande influência médica no Brasil do século XIX.

Nessa viagem de volta ao mundo europeu do século XVIII, pegamos "carona" com Foucault. Em *Microfísica do poder*, afirma ele ter a medicina "... como técnica geral de saúde mais do que como serviço das doenças e arte das curas, (assumindo) um lugar cada vez mais importante nas estruturas administrativas e nesta maquinaria de poder que, durante o século XVIII, não cessa de se estender e de se afirmar...".[12] E continua Foucault: "... A política médica que se delineia no século XVIII em todos os países da Europa tem como reflexo a organização da família (...) como instância primeira e imediata da medicalização dos indivíduos (...) Desde o fim do século XVIII, o corpo sadio, limpo, válido, o espaço purificado, límpido, arejado (...),constituem algumas das leis morais essenciais da família. E desde esta época (...) constitui-se no agente mais constante da medicalização (...) sendo alvo, a partir da segunda metade daquele século, de um grande empreendimento de aculturação médica".[13]

Ainda com ele: "... O excesso de poder de que se beneficia o médico comprova, desde o século XVIII, esta interpretação do que é político e

---

(1852/3) – Antonio Francisco Gomes. *Influência da educação física dos meninos*;
(1854) – Inácio Firmo Xavier. *Reflexões sobre a educação física e a moral da infância*;
(1858) – Casimiro José de Morais Sarmento. *Opúsculo sobre a educação física dos meninos*;
(1867) – Eduardo Pereira de Abreu. *Estatutos higiênicos sobre educação física. Intelectual e moral do soldado*;
(1889) – *Higiene e educação física da infância*. Traduzido e publicado "em honra à S.M. o Sr. D. Pedro II".

12. Michel FOUCAULT, *Microfísica do poder*, p. 202.
13. *Ibid.*, pp. 199-200. Foucault remete-nos à produção acadêmica da época, sobre essa questão específica. Dentre elas, citamos aquelas que se referreme diretamente à Educação Física:
– Ballexsert. *Dissertation sur L'éducation physique des enfants* (1762);
– Laplace Chanvre. *Dissertation sur quelquer points de L'éducation physique et morale des enfants* (1813);
– Prévost Leygonie. *Essai sur L'éducation physique des enfants* (1813).

médico na higiene (...) O médico se torna o grande conselheiro e o grande perito, senão na arte de governar, pelo menos na de observar, corrigir, melhorar o corpo social e mantê-lo em um permanente estado de saúde...". E conclui, enfaticamente: "... É a sua função de higienista, mais que seus prestígios de terapeuta, que lhe assegura esta posição politicamente privilegiada no século XVIII, antes de sê-la econômica e socialmente, no século XIX...".[14]

Jurandir Freire Costa, em *Ordem médica e norma familiar*, reporta-se aos motivos – bem como às estratégias – que levaram os higienistas a assumirem uma posição de destaque, dispondo da competência médica de que eram possuidores, na construção do "Estado Agrário": "... A partir da terceira década do século XIX, a família começou a ser mais incisivamente definida como incapaz de proteger a vida de crianças e adultos. Valendo-se dos altos índices de mortalidade infantil e das precárias condições de saúde dos adultos, a higiene conseguiu impor à família uma Educação Física, Moral, Intelectual e Sexual inspirada nos preceitos sanitários da época. Essa educação, dirigida sobretudo às crianças, deveria revolucionar os costumes familiares. Por seu intermédio, os indivíduos aprenderiam a cultivar o gosto pela saúde, exterminando, assim, a desordem higiênica dos velhos hábitos coloniais...".[15] Numa passagem mais adiante, Jurandir diz textualmente aquilo que havia ficado subentendido na citação anterior: "... Assegurar a saúde e o vigor dos corpos, aumentar a reprodução e longevidade dos indivíduos, incrementar a população do país e melhorar os costumes privados e a moral pública...",[16] tais eram, portanto, os "encargos públicos" que aos higienistas cabiam na consolidação do "Estado Agrário".

Importante se faz ressaltar a percepção de que "... a ação desta pedagogia médica extravasou os limites da saúde individual. A higiene, enquanto alterava o perfil sanitário da família, modificou, também, sua feição social. Contribuiu, junto com outras instâncias sociais, para transformá-la na instituição conjugal e nuclear característica dos nossos tempos.

---

14. *Ibid.*, pp. 202-203.
15. Jurandir Freire COSTA, *Ordem médica e norma familiar*, p. 12.
16. *Ibid.*, p. 211.

Converteu, além do mais, os predicados físicos, psíquicos e sexuais de seus indivíduos em insígnias de classe social. A família nuclear e conjugal, higienicamente tratada e regulada, tornou-se, no mesmo movimento, sinônimo histórico de família burguesa...".[17]

Foi, portanto, para dar conta de suas atribuições, que os higienistas lançaram mão da Educação Física, definindo-lhe um papel de substancial importância, qual seja, o de criar o *corpo saudável, robusto e harmonioso* organicamente. Porém, ao assim fazê-la, em oposição ao *corpo relapso, flácido e doentio* do indivíduo colonial, acabou contribuindo para que "... este corpo, eleito representante de uma classe e de uma raça, (...) servisse para incentivar o racismo e os preconceitos sociais a eles ligados. Para explorar e manter explorado, em nome da superioridade racial e social da burguesia branca, todos os que, por suas singularidades étnicas ou pela marginalização socioeconômica, não lograram conformar-se ao modelo anatômico construído pela higiene...".[18]

Outro fator somava-se aos aqui já expostos, no processo entabulado pelas camadas dominantes, no sentido da eugenização do povo brasileiro. Em 1822, o Brasil, ao conquistar sua "independência", possuía metade de sua população composta da massa escrava. Anos mais tarde, em 1850, o contingente populacional de negros cativos atingia a casa dos 2.500.000.[19] Nesse contexto, era grande o temor de que o potencial de rebeldia dos escravos pudesse vir a ser manipulado no sentido de servir de apoio aos portugueses com vocação recolonizadora.

O controle familiar por parte dos higienistas inseriu-se, portanto, na política populacionista elaborada pelo Estado Nacional, com vista a "... tentar criar uma população racial e socialmente identificada com a camada branca dominante..."[20] que pudesse vir a estabelecer um equilíbrio de forças entre a população branca e a escrava. Os médicos higienistas, então, através da disciplinarização do físico, do intelecto, da moral e da sexualidade, visavam

---

17. *Ibid.*, p. 12.
18. *Ibid.*, p. 13.
19. Francisco ALENCAR et al., *História da sociedade brasileira*, p. 140.
20. Jurandir Freire COSTA, *op. cit.*, p. 213.

"... multiplicar os indivíduos brancos politicamente adeptos da ideologia nacionalista...".[21] "... É por isso que nos cumpre – dizia o dr. Joaquim José dos Remédios Monteiro, citado por Jurandir – envidar todos os esforços para o melhoramento da geração atual pela garantia da procriação, pela educação física..."[22] Educação Física associada à Educação Sexual, a qual, segundo os higienistas "... deveria transformar homens e mulheres em reprodutores e guardiões e proles e raças puras...".[23]

## Cena IV

Cabe aqui ressaltarmos o fato de que o esforço de se lançar mão da Educação Física como elemento educacional – ainda que de conformidade com uma visão de *saúde corporal, saúde física, eugênica* – enfrentava barreiras arraigadas nos valores dominantes do período colonial, sustentáculos do ordenamento social escravocrata, que estigmatizaram a Educação Física por vinculá-la ao trabalho manual, físico, desprestigiadíssimo em relação ao trabalho intelectual, este sim, afeto à classe dominante, enquanto o outro se fazia pertinente única e tão somente aos escravos.

Otaíza Romanelli coloca a estigmatização do trabalho manual como um dos obstáculos à aceitação da ideia do ensino técnico-profissionalizante por parte da camada dominante, que recebia uma educação de natureza "humanista", no sentido de "ilustrada", "livresca", dissociada do componente trabalho-produção.[24]

Jurandir Freire também faz referência a esse preconceito, ao tecer considerações sobre o trabalho à luz da ética colonial: "... A ética colonial repudiava o trabalho. O branco livre não se imaginava exercendo uma profissão que lhe exigisse ocupação manual. O chefe de família digno não trabalhava: vivia de rendas ou da exploração parasita do trabalho dos outros.

---

21. *Ibid.*, p. 213.
22. *Ibid.*, p. 213.
23. *Ibid.*, p. 14.
24. Otaíza de Oliveira ROMANELLI, *História da educação no Brasil*, pp. 24 e 37.

Se não era proprietário de terras ou comerciante, procurava locupletar-se em algum cargo burocrático da administração pública. Quando nenhuma dessas possibilidades surgia, sugava o trabalho escravo até a última gota...".[25]

É importante ressaltar que a Educação Física era rechaçada enquanto relacionada à atividade física produtiva, a "trabalho", portanto, não o era – como continua não sendo – no outro sentido. Em sua compreensão de atividade de não trabalho, em seu sentido lúdico, de preenchimento do ócio e do tempo livre, pelo contrário, sempre foi valorizada pela classe dominante.[26]

O envolvimento dos higienistas com a educação escolar se deu, portanto, dentro de um quadro de compreensão desta como sendo uma extensão da educação familiar. Tratava-se, na verdade, de mostrar que a nefasta ação dos pais na educação de seus filhos não se encerrava no ambiente familiar. Pelo contrário, ao externarem os pais o "ideal" de educação que almejavam a seus filhos, influíam na forma de organização escolar, na definição das linhas pedagógicas a serem adotadas.

Datam daquele período trabalhos como o de Joaquim José de Oliveira Mafra, apresentado à Faculdade de Medicina do Rio de Janeiro, que explicitava as exigências dos pais em relação à educação a ser dada a seus filhos no interior do colégio. Na tese mencionada, assim se reporta o autor àquelas exigências: "... Querem (...) que não se obriguem seus filhos a passeios longos, porque a fadiga, o sol, a chuva a que porventura se exponham fazem-lhes mal; que não se exercitem na ginástica, porque podem se machucar ou mesmo se ferir; querem, enfim, que se lhes poupem algumas dores e lágrimas, não reparando que, procedendo assim, preparam-lhes para o futuro males, sem dúvida, imensamente mais deploráveis...".[27]

---

25. Jurandir Freire COSTA, *op. cit.*, p. 168.
26. Jacques ROUYER, "Pesquisas sobre o significado do desporto e dos tempos livres e problemas da história da educação física". *In: Desporto e desenvolvimento humano*, pp. 159-195.
27. Joaquim José de Oliveira MAFRA, "Esboço de uma higiene de colégio aplicável aos nossos: Regras principais, tendentes à conservação da saúde e ao desenvolvimento das forças físicas e intelectuais segundo as quais se devem reger os nossos colégios", *apud* Jurandir Freire COSTA, *Ordem médica e norma familiar*, p. 171.

Podemos afirmar, portanto, terem sido também influenciados pela ação entabulada pelos higienistas, pautada em conotações de cunho nitidamente eugênicas, que os educadores passaram a defender a introdução da ginástica nos colégios. Tais esforços, porém, não ocorreram sem suscitar resistências próprias ao pensamento dominante da época, que não viam com bons olhos o levar para dentro dos colégios – que assistia a filhos da elite – a prática de atividades físicas, situando-as ao lado daquelas por eles valorizadas, de índole intelectual. Tal contrariedade, se era diminuta em relação aos alunos do sexo masculino, por já terem os pais se acostumado à ideia da ginástica para os homens, em razão dos exemplos oriundos das instituições militares, se fazia histérica quando a intenção de sua prática se estendia ao sexo feminino. Em 1874, segundo nos conta Inezil, o conselheiro Josino do Nascimento Silva, da Província do Rio de Janeiro, assinala, em seu relatório, "a repugnância" com que foi recebida pela opinião pública a aula de ginástica, principalmente a que se referia ao curso de alunas: "... Não se acalmaram os espíritos – dizia o conselheiro – com as instruções provisórias; foi preciso suspender a execução e, ainda assim, houve pais que proibiram às suas filhas os exercícios ginásticos, tais os quais se ensinavam e eram prescritos, mesmo com o risco de perderem o ano e a carreira...". Diz ainda Josino, ter chegado a tal ponto a oposição à ginástica "... que algumas alunas, aliás com boa freqüência nas outras aulas, deixavam de ir, por acinte, à de ginástica, ficando, todavia, no edifício da Escola...".[28]

As tentativas, malgrado as resistências havidas, não se arrefeceram. Ao contrário, pródigos são os exemplos que nos colocam a par dos esforços despendidos no sentido de tornar obrigatória a inserção da Educação Física na grade curricular dos institutos educacionais de então. Nesse particular, armou-se de especial relevância o Parecer de Rui Barbosa no Projeto de número 224, denominado "Reforma do Ensino Primário e várias instituições complementares da Instrução Pública". Em tal parecer, proferido na sessão de 12 de setembro de 1882 da Câmara dos Deputados, Rui Barbosa deu à Educação Física um destaque ímpar em seu pronunciamento, terminando por sintetizá-lo em propostas que foram desde a instituição de uma sessão

---

28. Inezil Penna MARINHO, *História geral da educação física*, p. 161.

especial de ginástica em escola normal (inciso primeiro), até a equiparação, em categoria e autoridade, dos professores de ginástica aos de todas as outras disciplinas (inciso quarto), passando pela proposta de inclusão da ginástica nos programas escolares como matéria de estudo, em horas distintas das do recreio e depois das aulas.[29]

Inezil Penna Marinho viu no Parecer de Rui Barbosa – o qual, por seu feito, dele recebeu o título de "Paladino da Educação Física no Brasil" – a consagração do aforisma de Juvenal *Mens sana in corpore sano*.[30] Longe, porém, de criticar tal consagração, Inezil a exalta, pois o referido aforisma era para ele como é para muitos até hoje – revelador do correto entendimento da relação existente entre *corpo e mente, matéria e espírito*.[31]

Damos razão a Inezil quando estabelece relação entre o pronunciamento de Rui Barbosa e a máxima de Juvenal. Entretanto, não o acompanhamos em sua exaltação.

O posicionamento de Rui Barbosa – quando busca responder àqueles que negam importância ao que de corpóreo configura-se no Homem – revela a influência por ele sentida, do idealismo platônico – responsável pelo enaltecimento daquilo que emana do campo das ideias, em detrimento daquilo referente ao mundo corpóreo – e do racionalismo cartesiano – que afere a unidade do Homem à soma de suas partes material e espiritual – ambas conduzindo a uma visão dicotomizada de Homem, donde o

---

29. *Ibid.*, p. 163.
30. *Ibid.*, p. 162
31. *Idem*, *Os clássicos e a educação física*, pp. 73-89. Nessa obra, Inezil transcreve os versículos 456 e 457 da Sátira X de Juvenal
"Orandem est, ut sit mens sana in corpore sano. Fortem posce animum, mortis terrore acarentem".
Os traduz para:
"Suplica Mente sã em Corpo são
Alma forte que, fria, a morte encare".
E diz: "... Juvenal, com uma simples expressão, ligou seu nome indelevelmente à Educação Física, e as gerações futuras hão de repeti-lo, porque nele se contém o verdadeiro signo da Educação Física, o ideal que a educação perquire:
*Mens sana in Corpore sano...*".

componente *material*, *corpóreo*, apresenta-se subjugado ao elemento *espiritual*, a ele servindo de suporte.

Esta visão dual de Homem está presente, portanto, ao longo do parecer de Rui ao projeto mencionado. A certa altura de seu depoimento, assim refere-se à relação corpo-mente: "... Há, não se nega, inteligências superiores aliadas a corpos débeis, a organismos franzinos, anêmicos e nevropáticos. Quanto não custa, porém, a esses desventurados, a aplicação laboriosa da inteligência às altas produções mentais? Quantas vezes a exaltação cerebral, a que os condena a insuficiência da sua nutrição geral, não é descontada por largos intervalos de desfalecimento, por atrozes enfermidades nervosas, que lhes infligem o suplício de interromperem amiudamente os trabalhos mais caros à sua alma, e submeterem-se, na mais terrível das alternativas, a horas, dias, meses, anos de forçada e dolorosa inércia? Quantas outras o abuso da cerebração continuada, que a fraqueza da sua constituição física lhe vedava, não vem cortar em meio o fio da existência, arrancando-lhes das mãos a obra que acariciavam com ternura e esperança como fruto sazonado de uma vida de penas, sacrifícios e lutas? E será porventura sadio, normal, impunemente intenso o uso de uma função cujo exercício impõe descontos como esse, que vitima, aflige, tortura e aniquila antes do tempo os condenados ao privilégio brilhante, sedutor, mas fatal, de uma grande inteligência, supliciada num corpo incapaz de reparar as perdas cerebrais, inerentes à atividade extraordinária das grandes cabeças?...".[32]

Preocupa-se, também, Rui, em rebater, em seu parecer, as críticas daqueles que viam na ginástica "... um verdadeiro atentado materialista à alma frágil da infância e da adolescência...".[33]

"... A ginástica não é um agente materialista, mas, pelo contrário, uma influência tão moralizadora quanto higiênica, tão intelectual quanto física, tão imprescindível à educação do sentimento e do espírito quanto à

---

32. *Idem, História geral da educação física*, pp. 162-163.
33. Carlos Sanches de QUEIRÓS, *op. cit.*, p. 63. Expressão utilizada por ele, quando – ao fazer alusão à "escandalosa" impressão que a introdução da Educação Física nos currículos escolares causava a alguns – refere-se à atemporaneidade da acusação de "materialistas" impingida àqueles que a defendiam.

estabilidade da saúde e ao vigor dos órgãos. Materialista de fato é, sim, a pedagogia falsa que, descurando o corpo, escraviza irremissivelmente a alma à tirania odiosa das aberrações de um organismo solapado pela debilidade e pela doença. Nessas criaturas desequilibradas, sim, é que a carne governará sempre fatalmente o espírito, ora pelos apetites, ora pelas enfermidades..."[34] E continua Rui: "... Onde está, portanto, o nosso materialismo? É então materialista a realidade? É então materialista a fisiologia? É então materialista a ciência da vida? Se não os são, não pode ser materialista a nossa conclusão, que decorre invencivelmente dessa fonte...". E, em tom de lamento, conclui: "... Quão deplorável é que verdades desta comezinha singeleza sofram ainda contestação entre nós, e por homens que figuram nas mais altas eminências do país!".[35]

Mas de onde vinham as acusações de "materialistas" com as quais eram rotulados aqueles que desejavam ver a Educação Física nas instituições escolares? Do catolicismo? Carlos Sanches de Queiros, em artigo aqui mencionado, apressa-se a dizer que não. Ao fazê-lo, apoia-se em citações de Sertillages e de Barbosa de Oliveira, as quais fazem por traduzir a presença no pensamento católico da mesma visão dual de Homem acima aludida. Vejam a citação de Sertillages: "... O princípio fundamental da psicologia Tomista, princípio renovado audaciosamente da psicologia de Aristóteles, é que a alma só se pode definir completamente em função do corpo que ela anima e com o qual ela forma uma unidade real e substancial...".[36] Ou então, referindo-se à "De anima let. XIX": "... A boa constituição do corpo acompanha a nobreza da alma (...) de onde se conclui que aqueles que têm tato delicado sao mais nobres de alma e mais perspicazes de espírito...".[37]

Fiquemos agora com as citações de "outro católico de quilate", expressão pela qual Sanches de Queirós refere-se a Barbosa de Oliveira, o qual evidencia ainda mais o papel destinado ao corpo pela visão católica:

---

34. *Ibid.*, p. 63. Trecho do Parecer de Rui Barbosa ao Projeto n. 224 do ano de 1882.
35. Inezil Penna MARINHO, *op. cit.*, p. 163. Trecho do Parecer de Rui Barbosa ao Projeto n. 224, 1882.
36. SERTILLAGES, *São Tomaz d'Aquino*, v. 2, p. 159, *apud* Carlos Sanches de QUEIRÓS, *op. cit.*, p. 64.
37. Carlos Sanches de QUEIRÓS, *op. cit.*, p. 64.

"Dizer inimiga desta educação física e dos esportes, a Igreja Católica é, ignorando ou mal compreendendo a sua doutrina, desconhecer ainda ou desnaturar completamente a sua história. Não aplaude, de certo, os exercícios físicos quando esses visam, apenas, formar um belo bruto, orgulhoso ao contemplar os seus músculos peitorais ou os seus bíceps. Com esse caráter, entretanto, tais exercícios não são educativos, pois cultuam o corpo como finalidade, quando ele é *um meio ou instrumento a serviço da alma...*".[38]

Mas... a quem então imputar a responsabilidade pelas acusações? Sanches de Queirós, ao sair em defesa do catolicismo, acaba por chegar àqueles a quem acreditava serem os "verdadeiros responsáveis". Ouçamo-lo: "... A repulsa votada à Reforma de Rui tem pois outra causa. É que o sentido espiritual da Educação Física não conseguira ainda impressionar os Homens positivistas de então, que nela viam forças contrárias e hostis, não ao desenvolvimento da filosofia cristã mas – reparai bem – ao desenvolvimento das faculdades mentais que eles supunham altamente prejudicadas com a execução das medidas propostas...". E continua ele seu raciocínio: "... Por isso, os responsáveis pela Educação nacional não trepidaram em colocar a Educação Física no ostracismo...". Ao assim dizer, costura Sanches de Queirós, o desferir de sua crítica a Benjamim Constant que "... pretendendo imprimir ao Ginásio nacional uma feição mais condizente com o espírito positivista, exclui de seu currículo a ginástica...".[39] "... Nada de artes, nada de corpo – diz Everardo Beckeuser, citado por Queirós, também se referindo a Constant – só ciência. E entupiu o curso secundário com cálculo integral, mecânica racional e sociologia comtista..."[40]

Carlos Sanches de Queirós, a nosso ver, estava equivocado ao ver, nos positivistas, aqueles que não desejavam a Educação Física fazendo parte do currículo escolar. Entendemos estar o foco de resistência a ela localizado na elite colonial imperial, mais precisamente no menosprezo por ela, elite, alimentado às atividades físicas, as quais associavam à ideia de trabalho manual, desconsiderado em função de ser destinado aos segmentos

---

38. *Ibid.*, pp. 64-65. O destaque é nosso.
39. *Ibid.*, p. 66.
40. *Ibid.*, p. 66.

escravos, visto, portanto, como "coisa" menor, pequena, não relacionada a ela, elite, afeita aos trabalhos intelectuais. Aos positivistas conscientes, tornava-se cada dia mais claro a imperiosidade de se forjar o Homem disciplinado, rijo, elo indispensável à corrente de construção de um país também forte, em busca do progresso.

## *Cena V*

Esta questão – a do Homem forte, condição de um povo e de uma nação fortes – estava também posta no Parecer de Rui Barbosa: "... Com a medida proposta, não pretendemos formar nem acrobatas nem Hércules, mas desenvolver na criança o *quantum* de vigor físico essencial ao equilíbrio da vida humana, à felicidade da alma, à preservação da Pátria e à dignidade da espécie...".[41]

Sem sombra de dúvida, o Parecer de Rui Barbosa serviu de referencial a todos aqueles que – notadamente nos primórdios do período republicano e nas primeiras décadas do século XX – vieram a defender a presença da Educação Física no sistema escolar brasileiro. Ao introduzir os leitores na sua leitura, a revista *Educação Physica*, em sua edição de março de 1934, não titubeou em dizer que "... as diretrizes que Rui traçou em 1882, no tocante à Educação Física, são, em 1933, os ideais que defendem com ardor os adeptos de sua implantação no país...".[42] A edição de abril de 1936 dessa mesma revista presta, em seu editorial, uma homenagem a um dos mais importantes "adeptos" dos ideais defendidos por Rui Barbosa em 1882. Homenageia, o mencionado editorial, o "... precursor, entre nós, da palavra *científica* na Educação Física, proclamando os elementos fisiológicos e psicológicos da *ciência da saúde*, a Educação Física cientificamente fundamentada, mostrando a importância, o valor, o papel do exercício na idade pubertária, para a formação do Homem moderno...".[43] Seu nome: Fernando de Azevedo.

---

41. *Ibid.*, p. 65, Trecho do Parecer de Rui Barbosa ao Projeto n. 224 do ano de 1882.
42. Revista *Educação Physica* 3(4), p. 32.
43. Editorial, Revista *Educação Physica* 3(5), p. 11.

Autor de densa obra a respeito da Educação Física, Fernando de Azevedo, já em 1916, possuía publicado um livro, que por duas outras oportunidades voltou a ser reeditado, sendo que, na última delas, em edição revisada e ampliada com uma série de artigos divulgados no período compreendido entre a segunda edição, em 1920, e a última, em 1960, em jornais e periódicos especializados, como a já citada revista *Educação Physica*. Por várias ocasiões, explicou em seus escritos o respeito e a admiração que nutria por Rui Barbosa. Dele dizia ter sido "a primeira voz a ecoar no deserto" em defesa da Educação Física. Nele, assim como em Rui, estava presente o sentimento da necessidade de eliminar a dicotomia ensino intelectual-educação física, e com isso reforçar a "... necessidade de desenvolver, harmonicamente, todas as energias e faculdades que completam o indivíduo...".[44] Sua compreensão de "harmônico", porém, na esteira da de Rui, fez por reforçar a visão dualista de Homem, na qual o *físico* se coloca a serviço do *intelecto*. Presente também estava, em seus artigos, sua compreensão – semelhante à de Rui – a respeito da importância da Educação Física na eugenização da raça brasileira.

Sua atenção a essa questão pode ser aferida pelo volume de matérias por ele produzidas, abordando o assunto. Definia *Eugenia* como sendo "... a ciência ou disciplina que tem por objeto o estudo das medidas sociais-econômicas, sanitárias e educacionais que influenciam, física e mentalmente, o desenvolvimento das qualidades hereditárias dos indivíduos e, portanto, das gerações...". Dizia ser a Eugenia "... não só a intervenção da profilaxia contra o meio biológico representado pela matéria viva, patogênica, na luta constante contra as moléstias (...) nem somente a engenharia sanitária, melhorando o meio físico, dessecando o solo paludoso, onde incubam os miasmas, que infeccionam os povos, impedindo a fixação e o aperfeiçoamento do tipo étnico pela ação higiênica, educativa e social: nem apenas a defesa contra a perpetuação tenebrosa de taras hereditárias, na adoção de medidas tendentes a proteger a procriação contra a degenerescência e pela privação, aos reprodutores doentes, dos meios de

---

44. Fernando de AZEVEDO. *Da educação física*, 1960, p. 290. Expressão utilizada pelo autor, em 1922, numa ocasião em que se referia à sua concordância com a proposta contida no Parecer de Rui.

serem prejudiciais à raça: a Eugenia – dizia ele –, com ser tudo isto, é também a aplicação de uma educação enérgica para a conquista da plenitude das forças físicas e morais, tirando-nos deste plano inclinado de depauperamento e decadência, no qual, pouco a pouco, escorregamos para as deformações e toda espécie de doenças...". E concluía seu pensamento, poeticamente: "... é o revigoramento do povo, por uma sábia política de educação, de defesa sanitária e de cultura atlética, que o impulsione, a todo pano, dos lagos mortos onde jaz estacionário, para o esplêndido tumultuar da vida intensamente vivida em pleno ar, acrisolada no ouro do sol...".[45]

Destinava-se, portanto, à Educação Física, nessa questão da eugenia da raça, um papel preponderante. O raciocínio era simples: mulheres fortes e sadias teriam mais condições de gerarem filhos saudáveis, os quais, por sua vez, estariam mais aptos a defenderem e construírem a Pátria, no caso dos homens, e de se tornarem mães robustas, no caso das mulheres.

Fernando de Azevedo, apoiando-se nos princípios da ciência goltoniana – "... que tem por objeto, melhorar física e mentalmente as qualidades raciais..." –, dizia-nos na concordância, por parte dos educadores, acerca do entendimento de que "... para a regeneração do povo, (era) preciso restituir, à mulher, a saúde fortemente comprometida, além da estabilidade e do equilíbrio...". Arguia, então: "... Que podemos, de fato, esperar, de meninas fracas, para quem a maternidade seria uma catástrofe, senão uma floração cada vez mais raquítica e doentia?...".[46] E em tom de resposta, reportando-se aos considerandos elaborados por B. Rivadávia, que serviram de introito ao decreto que criou a Sociedade de Beneficência Argentina, em que dizia emanar "... a perfeição física de um povo, por igual, da beleza e saúde do homem e da mulher, (sendo que) a sua perfeição moral e intelectual está na razão direta da que possuem um e outro sexo...", emendava-os afirmando: "... O que é, pois, preciso, é ver, na menina que desabrocha, a mãe de amanhã: formar fisicamente a mulher de hoje é reformar a geração futura...".[47]

---

45. Ibid., pp. 231-232. Citação extraída de uma conferência pronunciada a 25 de janeiro de 1919, na Sociedade Eugênica de São Paulo.
46. Idem, Da educação física, 1920, p. 102.
47. Ibid., p. 100.

Não nos fica difícil identificar, em Fernando de Azevedo, um educador preocupado com a adequação da Educação aos novos padrões de conduta – definidos pelos Higienistas, a par dos interesses da classe dirigente – imperiosos de serem incorporados, pela família brasileira, como condição básica para o desenvolver de um perfil de sociedade. Nesse sentido, rebela-se contra a Educação tradicional, obstáculo ao progresso que se impunha ao modelo social brasileiro. Delineava-se nitidamente, já em 1915-1920, em seus vinte e poucos anos de idade, os traços característicos daquele educador que, mais tarde, na década de 1930, marcou presença muito mais por dar contornos à política educacional, de forma a colocá-la em conformidade com a intenção da consolidação da ordem social em gestação, do que, propriamente, posicionar-se como um questionador dessa mesma ordem social e política.[48]

Desenhava-se, portanto, nas palavras de Fernando de Azevedo, com tintas cada vez mais nítidas, os perfis dos estereótipos masculino e feminino que – sob influência higienista – se desejavam como ideal a ser alcançado. Tal desenho já possuía um especial esboço delineado no Parecer de Rui Barbosa. Nele, Rui deixou patente sua assimilação dos princípios defendidos pelos Higienistas, com relação à definição dos papéis destinados aos homens e às mulheres, na sociedade em construção. Ao propor a extensão da ginástica a ambos os sexos na formação do professorado e nas escolas primárias de todos os níveis (inciso segundo), externou sua opinião a respeito da necessidade de oferecer, às mulheres, atividades ginásticas que atinassem

---

48. Otaíza de Oliveira ROMANELLI, op. cit., pp. 150-151. Ao tecer considerações a respeito do "Manifesto dos Pioneiros da Educação Nova", diz representar tal Manifesto, a "... reivindicação de mudanças totais e profundas na estrutura do ensino brasileiro, em consonância com as novas necessidades de desenvolvimento da época...".
Diz ainda, a autora, representar o Manifesto de 32, ao mesmo tempo, "... a tomada de consciência, por parte de um grupo de educadores, da necessidade de se adequar a educação ao tipo de sociedade e à forma assumida pelo desenvolvimento da época...".
Nesse sentido, afirma ser "... evidente que o documento não questionava a nova ordem que se estava implantando (...) O grande avanço que representa o documento para a história da Educação no Brasil é que ele propõe, em última instância, adequar o sistema educacional a essa nova ordem, sem todavia questioná-la. Com isso, manifestava o documento seu pleno acordo com o novo regime e a nova situação...".

para *a harmonia de suas formas feminis e às exigências da maternidade futura.* "... A Educação Física da mulher deve ser, portanto, integral, higiênica e plástica, e, abrangendo com os trabalhos manuais os jogos infantis, a ginástica educativa e os esportes, cingir-se exclusivamente aos jogos e esportes menos violentos e de todo compatíveis com a delicadeza do organismo das mães..."[49] Dessa maneira, Fernando de Azevedo, como que atendendo ao enunciado por Rui, e seguindo a trilha por ele traçada, alude à forma através da qual a Educação Física deveria voltar-se para a mulher.

Note-se que, em nenhum instante – tanto em Rui quanto em Fernando de Azevedo –, a figura da mulher surgiu dissociada da de mãe. Esta correlação *mulher-mãe*, vista como algo natural, está relacionada com o fato de vincular-se a construção da concepção de mulher à imagem de seu corpo. "... Em nossa sociedade – denuncia a psicóloga Daisy Wainberg – a mulher é seu corpo, é a especificidade de menstruar, engravidar, parir, amamentar. Assim, cria-se um espelho em que todas se devem mirar. Se a mulher está definitivamente ancorada a um corpo natural, nada mais normal que ela seja passiva, doce, franca, maternal, bela, sedutora, burra talvez, tudo por natureza..."[50] Essa denúncia é compartilhada por Irede Cardoso, para quem "... o conceito de naturalidade tem servido de anteparo para o controle do comportamento feminino, produzindo-se, com isso, ideias notáveis sobre a determinação biológica das atitudes femininas..."[51] bem a gosto do pensamento durkheiniano.

A compreensão de que as atitudes femininas são determinadas, como que exclusivamente, pela influência das suas características biológicas, serviu de anteparo à ideia dominante da superioridade do sexo masculino sobre o feminino, sendo afastada qualquer alusão ao fato de estar tal superioridade calcada essencialmente em determinantes socioculturais e não biofisiológicos. Contrariando, porém, esse entendimento, que acabava por conduzir ao equívoco da *naturalização do fato social*; a psicóloga

---

49. Fernando de AZEVEDO, *op. cit.*, 1920, p. 96.
50. Daisy WAINBERG, "A longa jornada até o manicômio", *Folha de S.Paulo*, Folhetim, (256).
51. Irede CARDOSO, "O mito de Sísifo", *Folha de S.Paulo*, Folhetim, (256).

educacional Odete Lourenção, em artigo publicado no ano de 1953, na revista da Associação dos Professores de Educação Física de São Paulo, escreveu começando por dizer que "... em geral, admite-se a fragilidade da filha perante o filho e cuida-se mais de resguardá-la de experiências e contatos (...) Dão-se brinquedos e jogos diferentes para meninos. São diferentes as leituras e até o enxoval do bebê (...) Esses fatores ambientais, minuciosos até os pormenores, mas operando continuamente através das idades, vão, pouco a pouco, determinando capacidades diferentes entre homens e mulheres...". E continuava, dizendo que "... a Educação Física deve se adaptar às diferenças que se apresentam entre os sexos, embora o professor deva lembrar-se que tais diferenças, em sua grande maioria, são frutos mais das influências culturais de nossa sociedade ocidental que de fatores fisiológicos realmente diferenciadores...".[52] Assim, ao propor atividades ginásticas distintas aos homens e às mulheres, justificando tal medida pela necessidade que viam de limitá-las, em relação às mulheres, àquelas que atendessem às suas peculiaridades biofisiológicas, Rui Barbosa, Fernando de Azevedo e todos aqueles que se viram influenciados por aquele ideário, além de oportunizarem aos homens maiores possibilidades de se desenvolverem em destrezas físicas, acabaram por reforçar o pensamento dominante acerca do papel da mulher na sociedade brasileira, qual seja, aquele que, ao ventilar a urgência de prepará-la fisicamente para a maternidade, estigmatizou sua imagem, associando-a quase que somente à ideia de mãe.

A legislação da Educação Física e do Esporte foi pródiga em contribuir para o esforçar de tal entendimento. Em estudo denominado "Ensaio sobre a mulher brasileira face a legislação da educação física e do desporto", estabelecemos – à certa altura, de forma caricatural, lançando mão dos *cartoons* "Happy Days" de Miguel Paiva – a maneira como tal reforço se efetivou ao longo dos anos, via documentos legais.[53]

---

52. Odette LORENÇÃO, "Diferenças psico-fisiológicas de sexo e sua importância para a Educação Física", *Revista da Associação dos Professores de Educação Física do Estado de São Paulo* 1, pp. 14-19.
53. Lino CASTELLANI FILHO, "Ensaio sobre a mulher brasileira face a legislação da educação física e do desporto". *Desporto e Lazer* (8), pp. 18-21. Ainda no âmbito

DECRETO-LEI n. 3.199 – 14/4/41

Art. 54 – *Às mulheres não se permitirá* a prática de desportos incompatíveis com as condições de sua natureza, devendo para este efeito o Conselho Nacional de Desportos baixar as necessárias instruções às entidades desportivas do país.

*Happy Days* – Autor: Miguel Paiva. Publicado na revista *Isto É* (ano de 1982)

---

da Educação Física, assinalamos a dissertação de mestrado de Laércio Elias PEREIRA, "Mulher e esporte, um estudo sobre a influência dos agentes de socialização em atletas universitárias", EEFUSP, 1984.

## DELIBERAÇÃO – CND – N. 7/65

Baixa instruções às entidades desportivas do país sobre a prática de desportos pelas mulheres

N. 1 Às mulheres *se permitirá* a prática de desportos na forma, modalidades e condições estabelecidas pelas entidades internacionais dirigentes de cada desporto, inclusive em competições, observado o disposto na presente deliberação.

*Happy Days* – Autor: Miguel Paiva. Publicado na revista *Isto É* (ano de 1982)

Somente em 1979, o Conselho Nacional dos Desportos, CND, através da Deliberação n. 10, revogou a de n. 7/65. É importante frisar que tal deliberação surgiu de um caso fortuito, relacionado ao judô. Segundo a matéria "Mulheres competem neste esporte só há 8 anos" (*Folha de S.Paulo*, caderno de Esportes, 21/9/87, p. A-17), "... foi uma atitude insólita e ousada do carioca Joaquim Mamed, então diretor da Confederação Brasileira de

Judô, CBJ, que provocou a liberação...". Segundo a reportagem, "... Mamed trocou os nomes de quatro meninas, relacionando-as como homens na comunicação que fez ao CND, para assegurar passagens à delegação que disputaria um campeonato sul-americano na Argentina, em 1979. Sua trama foi descoberta depois, mas ele saiu-se vitorioso. 'Quando retornei ao Brasil, disse Mamed, ainda conforme a reportagem – já havia uma intimação para que comparecesse no CND. Fui lá com as meninas, todas de quimono (...) e de medalhas no peito. Houve discussão, mas o CND acabou aprovando a entrada da mulher no judô'...".

DELIBERAÇÃO – CND – N. 7/65

N. 2 Não é permitida a prática de lutas de qualquer natureza, futebol, futebol de salão, futebol de praia, polo aquático, polo, rúgbi, halterofilismo e *baseball*.

*Happy Days* – Autor: Miguel Paiva. Publicado na revista *Isto É* (ano de 1982)

PROJETO N. 224 – 1882

"Reforma do ensino primário e várias instituições complementares da instrução pública".

Relator: Rui Barbosa.

1º – Instituição de uma seção especial de ginástica em cada escola normal;

2º – Extensão obrigatória a ambos os sexos, na formação do professorado e nas escolas primárias de todos os graus, tendo em vista, em relação à mulher, *a harmonia das formas feminis e as exigências da maternidade futura.*

*Happy Days* – Autor: Miguel Paiva. Publicado na revista *Isto É* (ano de 1982)

A 6 de março de 1986, o CND baixou a Recomendação n. 02, na qual "... reconhece a necessidade de estímulo à participação da mulher nas diversas modalidades desportivas no país...". Para entendermos o porquê de tal recomendação, citamos, apenas *en passant*, um dos pontos mencionados na exposição de motivos que a acompanha: "... O papel determinante que cabe à mulher desempenhar nos programas nacionais de desenvolvimento econômico, social, cultural e desportivo..." preponderando, até então, como impedimento do acesso a esse último, "... as restrições dos costumes e do convencionalismo, e as rotinas dos afazeres domésticos e familiares...".

LEI 6.503 DE 13/12/77

Dispõe sobre a Educação Física em todos os graus e ramos de ensino.

Art. 1º É facultativa a prática da Educação Física em todos os graus e ramos de ensino:

Letra f *À aluna que tenha prole.*

*Happy Days* – Autor: Miguel Paiva. Publicado na revista *Isto É* (ano de 1982)

Ao facultar à mulher com prole o direito de isentar-se da prática da Educação Física, obrigatória em todos os níveis e ramos de escolaridade, por força do Decreto-lei n. 705/69, deixa transparecer o pensamento de que a educação da prole é de responsabilidade única e exclusiva das mães. Caso o entendimento fosse outro, "homem com prole" também deveria merecer o mesmo tratamento oferecido à mulher.

A mesma legislação ainda reforça o pensamento dominante do papel da mulher na sociedade brasileira, preparando-a fisicamente para a maternidade, concebendo a ideia de "mulher" quase que somente associada à de "mãe", servindo desta forma de suporte para o controle do comportamento feminino.

*Happy Days* – Autor: Miguel Paiva. Publicado na revista *Isto É* (ano de 1982)

Em matéria publicada à página A-24 da *Folha de S.Paulo* de 24 de agosto de 1987, sob o título "Entidade pretende mudar imagem da mulher nos livros didáticos", tomamos conhecimento da assinatura de um "protocolo de intenções" entre o Conselho Nacional dos Direitos da Mulher (CNDM) e a Fundação de Assistência ao Estudante (FAE), visando ao "... combate das imagens preconceituosas em relação às mulheres, veiculadas pelos livros didáticos...". Diz a matéria que "... com base em um levantamento feito pela Fundação Carlos Chagas, onde foram examinados estudos sobre os livros escolares, o CNDM diz que a imagem feminina nos livros didáticos é caracterizada por um comportamento inexpressivo, apático, submisso e servil...". Deliberou-se, então, pela confecção de um milhão de cadernos escolares, "... com um desenho na capa alusivo à igualdade entre os sexos...".

## Cena VI

Esse pensamento dominante, a respeito do estabelecimento de um protótipo de mulher que se adequasse às exigências de um modelo de sociedade em construção, foi assim traduzido por Maria Luísa Santos Ribeiro, ao fazer referência aos pontos comuns existentes nos programas de ação dos liberais e dos cientificistas, num quadro de modernização da sociedade brasileira sedimentado em bases factuais, "... fruto do estágio atingido no processo de mudança da base da sociedade exportadora brasileira, que de rural-agrícola passa para urbano-comercial..." já ao fim do período imperial: "... Liberais e Cientificistas (positivistas) estabelecem pontos comuns em seus programas de ação. (Dentre eles) libertação da mulher para, através da instrução, desempenhar seu papel de esposa e mãe...".[54] Nessa direção, Vanilda Paiva refere-se à lucidez demonstrada pelo ministro de então, ao dar destaque – paralelamente ao debate que se travava a respeito da obrigatoriedade do ensino, uma vez que aquele pertinente à gratuidade do ensino não se dava, por conta do estabelecimento dela, desde a lei de 1827 – à questão referente aos "princípios que deveriam nortear a educação do povo", sendo explicitada por muitos a percepção da "importância da instrução popular como meio inteligente de preservação da estrutura social e econômica do país". Segundo Vanilda, era preocupação do ministro a educação das mulheres, porque, no dizer dele, "... a família, para ter uma

---

54. Maria Luísa Santos RIBEIRO, *História da educação brasileira: A organização escolar*, p. 65.

boa organização, necessita do sistema de educação e este deve transmitir à mulher – futura mãe de família e elemento principal dos costumes nacionais – os hábitos de obediência e respeito, o amor ao trabalho e o espírito de solidariedade...". Suas observações – complementa Vanilda Paiva – "... são extraordinariamente lúcidas no sentido de destacar o papel da educação como veículo de difusão ideológica, conservador do *status quo*, no combate às idéias liberais...".[55]

Maria Luísa – em obra mencionada – já havia feito referência à maneira pela qual a Educação era vista, tanto pelos liberais quanto pelos cientificistas. Neles, predominava a "... crença na educação enquanto chave dos problemas fundamentais do país...".[56] País este que – conforme já mencionamos – atravessava momentos de transição de um modelo rural-agrícola para o de características urbano-comerciais. Interessante se faz acompanharmos o raciocínio desenvolvido por Maria Luísa na montagem do palco social brasileiro daquele período, na perspectiva de elaboração do espectro de modernização da sociedade brasileira. Em um determinado instante, refere-se ao preço pago pela maioria da população, pela modernização que se configurava, já na fase republicana: "... Assim a sociedade brasileira continua a modernizar-se, mas a um preço muito alto, pesadamente pago pela maioria da população, excluída de tais benefícios por viver no campo. E, curiosamente, sendo aquela que produz a riqueza, uma vez que é a mão-de-obra da lavoura cafeeira...".[57]

A seguir, aponta-nos as razões da inexistência de manifestações de descontentamento, por parte da população rural: "... As condições de trabalho e o isolamento em que vivia esta população rural impossibilitavam manifestações de descontentamento. Este fato e a representação eleitoral manobrada pelo coronelismo, pelos 'currais eleitorais', garantiam o sucesso do regime sem maiores problemas até o final da primeira guerra mundial, quando as manifestações urbanas de descontentamento vão se intensificando...".[58]

---

55. Vanilda Pereira PAIVA, *Educação popular e educação de adultos*, pp. 73-74.
56. Maria Luísa Santos RIBEIRO, *op. cit.*, pp. 76-77.
57. *Ibid.*, p. 77.
58. *Ibid.*, p. 79.

Como que trazendo a discussão para o campo educacional, reporta-se aos obstáculos impostos à modernização, pela presença marcante dos altos índices de analfabetismo existentes: "... Com a sociedade brasileira se desenvolvendo em base urbano-comercial, desde a segunda metade do século XIX, vai o analfabetismo se constituindo num problema, porque as técnicas de leitura e escrita vão se tornando instrumentos necessários à integração em tal contexto social...".[59]

E chega à Escola, colocando-nos no clima de sua valorização, notadamente da escola primária, como condição para a superação das dificuldades impostas à modernização, pelo analfabetismo: "... Campanhas proclamando a necessidade da difusão da escola primária foram organizadas. Eram lideradas por políticos que, enquanto tais, reconheciam a necessidade da difusão, especialmente da escola primária, como base da nacionalidade; o que fez com que alguns defendessem não só o combate ao analfabetismo, como também a introdução da formação patriótica, através do ensino cívico...".[60]

As análises de Maria Luísa, porém, não se limitam à escola primária. Reportam-se, também, às outras instâncias do ensino. Revela-nos ela o fato de que a possível ampliação do ensino secundário, se ocorreu, se deu tão somente no ensino particular, haja vista que, no ensino público, registrou-se apenas um acréscimo do pessoal docente simultaneamente ao decréscimo de escolas e matrículas efetivadas. "... E esta marcada insuficiência da iniciativa oficial faz com que, a este nível (secundário), continue ocorrendo um outro ponto de estrangulamento na organização escolar brasileira, de tal maneira que a elitização se mantém como uma característica marcante..."[61] Elitização essa que se apresenta "... como resultado e reforço de uma marginalização social (econômica) da maioria da população brasileira...".[62]

---

59. *Ibid.*, p. 79. Maria Luísa faz alusão, através da análise dos resultados das campanhas desenvolvidas, ao seu caráter não radical.
    "... O aumento de analfabetos em números absolutos e a manutenção do percentual indicam insuficiência de verbas e/ou insuficiência teórica no enfrentamento do problema..."
60. *Ibid.*, p. 82.
61. *Ibid.*, p. 84.
62. *Ibid.*, p. 85.

Como característica principal, trazia o ensino médio a marca de "... um ensino de tipo literário, desde que as tentativas em contrário, fruto das reformas sob influência positivista, por exemplo, acabaram por torná-lo enciclopédico...".[63] Por outro lado, embora timidamente, começava a se evidenciar uma outra faceta do ensino médio: o Profissionalizante. Segundo Vanilda Paiva, o ensino profissional tem suas origens fundamentadas em preceitos humanistas. "... Mantido em nível primário até a terceira década do século XX, fora citado domo 'ensino para desvalidos'. No segundo império, já alguns o defendiam em face de sua possível contribuição para o progresso. Aparecem algumas iniciativas de maior vulto como a fundação do Liceu de Artes e Ofícios do Rio de Janeiro (1856), por iniciativa particular, destinado 'à cultura geral, artística e profissional das classes pobres da cidade' e do de São Paulo (1874) como a transformação do asilo de menores desvalidos – no Rio de Janeiro – e algumas escolas agrícolas..."[64]

Porém, "... a manutenção dos padrões tradicionalistas no ensino secundário e a permanência da ideia de que o ensino profissional (elementar e médio) destinava-se às camadas menos favorecidas, acaba – na opinião do professor Jorge Nagle, citado por Maria Luísa – por agravar o problema referente às distintas formações: um conjunto de escolas propiciava a formação das 'elites', e outro, a do 'povo'...".[65]

Também Otaíza Romanelli reporta-se à questão do ensino profissional, nos moldes da de Nagle, ao aludir ao artigo 129 da Constituição de 1937.[66] Contesta, nesse particular, o julgamento de Fernando de Azevedo, que considerou a Constituição de 37 a mais democrática das constituições, em matéria de ensino. Ao assim fazê-lo, diz Romanelli Fernando de Azevedo

---

63. *Ibid.*, p. 85.
64. Vanilda Pereira PAIVA, *op. cit.*, p. 314 (nota 31).
65. Maria Luísa Santos RIBEIRO, *op. cit.*, p. 87.
66. Otaíza de Oliveira ROMANELLI, *op. cit.*, p. 153. Reporta-se ela à Carta Magna de 1937, Artigo 129: "... O ensino pré-vocacional e profissional destinado às classes menos favorecidas é, em matéria de Educação, o primeiro dever do Estado. Cumpre-lhe dar execução a esse dever, fundando institutos de ensino profissional e subsidiando os de iniciativa dos estados, dos municípios e dos indivíduos ou associações particulares e profissionais...".

"... não observou, por exemplo, que, oficializando o ensino profissional como ensino destinado aos pobres, estava o Estado cometendo um ato lesivo aos princípios democráticos; estava o Estado instituindo, oficialmente, a discriminação social, através da Escola...".[67]

*Intervalo...*

## SEGUNDO ATO

*Cena I*

Traçado o panorama institucional da Educação brasileira do final do século XIX e das primeiras décadas do século XX, calcado nas mudanças que se processavam no socioeconômico, vemos reforçado, no concernente à Educação Física, sua estreita relação com os propósitos da eugenização da raça brasileira, com nuances que espelhavam um tímido início de seu distanciamento das questões próprias à higiene – da forma como explicitara nos meados do século passado – revestindo-se de tinturas que a identificavam, cada vez mais, com os cuidados para com o desenvolvimento do físico, num movimento consentâneo às mudanças sociais e econômicas aludidas.

As reformas educacionais realizadas em diversos estados brasileiros, de 1920 a 1928, contemplavam a Educação Física como componente curricular do ensino primário e secundário. O professor Mário Ribeiro Cantarino Filho, em sua tese de mestrado "A Educação Física no Estado Novo", relaciona as reformas educacionais, nelas localizando o tratamento recebido pela Educação Física.[68]

Face à forma enfática como a Educação Física passara a ser tratada nas mencionadas reformas educacionais, veio ela a ser alvo das atenções dos

---

67. *Ibid.*, p. 153.
68. Mário Ribeiro CANTARINO FILHO, *A educação física no Estado Novo: História e doutrina*, pp. 90-92.

profissionais da Educação. Assim, em 1928, a Associação Brasileira de Educação – ABE – fundada quatro anos antes, no Rio de Janeiro, levou a efeito uma enquete junto aos professores do ensino secundário, sondando-os a respeito de suas impressões sobre a Educação Física naquele grau de ensino, obtendo, por parte dos mesmos, respostas que foram ao encontro do reconhecimento do seu valor e da necessidade de seu desenvolvimento no ensino secundário. Um ano depois, em 1929, ano da III Conferência Nacional de Educação, realizada em São Paulo, foram promovidas, pela entidade, gestões no sentido de averiguar aspectos relativos aos métodos de Educação Física mais adequados às escolas primárias e secundárias, à formação profissional dos seus docentes e sobre a prática pedagógica dos professores frente aos obstáculos existentes no cumprimento de suas funções.[69]

Quanto à questão do método, inseria-se a ABE no corpo de um debate, acirrado por um anteprojeto de lei, originário do Ministério da Guerra nesse mesmo ano de 1929, que – além de (a) determinar a prática da Educação Física para todos os residentes no Brasil (!), definindo caráter obrigatório em estabelecimentos de ensino, a partir dos 6 anos de idade; (b) criar o Conselho Superior de Educação Física, com "sede no Ministério da Guerra", o qual exerceria a função de centralizar, coordenar e fiscalizar todas as atividades referentes aos desportos e à Educação Física no país – deliberava que "... enquanto não (fosse) criado o Método Nacional de Educação Física, (ficaria) adotado, em todo o território brasileiro, o denominado Método Francês, sob o título de Regulamento Geral de Educação Física...".[70]

Conclui a ABE, então, após a análise do anteprojeto, pela "... impossibilidade de que um órgão burocrático da União (venha) 'resolver um problema educativo nacional' e que este órgão viesse a determinar um método de Educação Física a ser ministrado em todos os estabelecimentos de ensino...".[71]

O fato é que malgrado as críticas da ABE, além de outras havidas, o Método Francês – trazido até nós pela Missão Militar Francesa, responsável pela fundação, em 1907, do embrião da Escola de Educação Física da Força

---

69. *Ibid.*, pp. 92-93.
70. *Ibid.*, p. 96.
71. *Ibid.*, p. 96.

Policial do Estado de São Paulo, o mais antigo estabelecimento especializado de todo o Brasil – acabou ocupando, predominantemente, o espaço até então preenchido pelo Método Alemão – introduzido no Brasil em 1860 –, por conta da nomeação do alferes do Estado Maior de segunda classe Pedro Guilhermino Meyer, alemão, para a função de contramestre de ginástica da Escola Militar – tanto entre os militares como entre os escolares.

Anos antes de tal anteprojeto, Fernando de Azevedo, ao traçar, em artigo denominado "O papel do professor moderno de Educação Física", o perfil desse profissional, necessário para que ele pudesse ocupar-se da consecução dos seus fins, deixava clara a sua opção pelo Método Francês, pautado em princípios anátomo-fisiológicos, ao evidenciar, da forma como abaixo se segue, os contornos desse profissional: "... À nova orientação da Educação Física, não tem sempre correspondido, mesmo em alguns países em que a questão mais se ventila, uma orientação nova na formação do pessoal do ensino e na escolha de diretores de Educação Física. Da seleção destes, no entanto, e da preparação daqueles, é que depende o maior êxito desta grande obra de recuperação da saúde e robustez, e que ficará baldada estéril, quando não contraproducente, se, de todo cientes da completa missão que lhes compete, não tiverem os professores sólida instrução teórica e prática, e não forem superiormente orientados por um educador, que deve ser, *além de psicólogo avisado, um engenheiro biologista*, teoricamente documentado e de uma competência técnica acima de toda a crítica...".[72] E, como que concluindo seu pensamento, afirma adiante: "... Ao professor de Educação Física compete, pois (e não há exagero algum nesta afirmativa), dirigir, orientar os exercícios de modo que influam enérgica e eficazmente sobre cada organismo, ordená-los em série gradual, harmonizá-los com o período de evolução orgânica, incutindo o prazer ou, ao menos, evitando o tédio, e constatar, enfim, pelos processos vários de mensurações corporais, os resultados de seu ensino, fazer, em uma palavra, o registro dos benefícios que proviaram dos exercícios, e dos inconvenientes que determinaram. São as atribuições que todos os entendidos lhes demarcam...".[73]

---

72. Fernando de AZEVEDO, *op. cit.*, 1920, p. 108.
73. *Ibid.*, p. 110. Na 3ª edição, ao republicar esse artigo, retirou de seu título a expressão "moderno".

## Cena II

"... Uma vez mais, cogita-se reformar o nosso plano educacional. Já se tornaram praxe irremovível entre nós, as reformas periódicas. Não há estabilidade. Pouco depois da adoção de um projeto, antes de produzir os resultados previstos, já se pensa em modificações, em traçar novas diretrizes. A consequência desta instabilidade é a desorganização permanente. Mudam-se e remudam-se os programas e os processos de ensino.

Agora, está em elaboração mais uma reforma de ensino. Cumpre que a Educação Física seja devidamente considerada, que a sua prática se torne obrigatória. É inadmissível que se pense em desenvolver apenas o cérebro, em detrimento do restante do organismo, deixado atrofiar-se: ademais disso, não seria possível ministrar, com eficiência, amplos ensinamentos intelectuais a indivíduos doentes, torturados por sofrimentos físicos que lhes diminuem a percepção, a compreensão, e os impossibilitem de dedicarem-se aos estudos, atidos como estão às doenças, compelidos a trocar os livros pelos vidros de remédio.

A Educação Física deve fazer parte dos programas de ensino, mas não com o caráter de facultativa, deve ser obrigatória. De que nos servirá ter milhões de doutores que representem milhões de doentes? Não podemos deixar de tratar, com o maior empenho possível, do nosso aprimoramento racial, do robustecimento do nosso povo.

É de presumir que os redatores do nosso plano de ensino, obedecendo ao espírito moderno e de acordo com as necessidades impostas pelas atuais condições de vida, encarem devidamente a imprescindibilidade da prática da Educação Física nas escolas, a adoção de um regime educacional cujo objetivo não seja apenas 'fabricar' doutores e sim Homens aptos a enfrentar os problemas que a situação de agora oferece e, para a solução dos quais, não basta apenas um excessivo teorismo: são precisas, também, condições físicas especiais..."[74]

---

74. "A educação física nas escolas. Questão que não pode ser relegada na próxima reforma". Editorial, *Educação Physica* (10), p. 6.

Escaldados pelos resultados bastante frustrantes das reformas educacionais da década de 1920, nas quais a contemplação da Educação Física nos textos legais não foi correspondida com a sua subsequente implementação, incapazes de fazerem uma leitura da conjuntura sociopolítico-econômica existente que lhes viabilizasse a compreensão dos determinantes da inconcretude das referidas reformas, desacorçoados com os efeitos "práticos" da Reforma Francisco Campos (1931) – a primeira a nível nacional – naquilo que dizia respeito à obrigatoriedade da Educação Física no sistema escolar, nela prevista (previsão esta que valeu ao autor palavras elogiosas dos editores desse mesmo periódico, em editorial da edição de n. 5, abril/36),[75] traduzia, enfim, o citado editorial (além da já nossa conhecida visão de Homem e do entendimento da íntima relação da Educação Física com a questão da eugenia da raça), o grau de expectativa e o nível de articulação desse segmento da categoria dos professores, em vista da proximidade de uma nova reforma no campo da Educação.

Refletia, também, a esperança de verem atendidas muitas das recomendações tiradas, a nível de conclusões, do VII Congresso Brasileiro de Educação, realizado em junho/julho de 1935, no Rio de Janeiro, o qual, promovido pela ABE, teve como tema central a Educação Física.[76]

---

75. Editorial, *Educação Physica* (5), p. 11. Em certo momento, diz: "Em todo esse cenário de rejuvenescimento que contemplamos, com prazer, dois nomes avultam: Fernando de Azevedo e Francisco (...) O segundo foi o batalhador, o alicerçador de uma geração nova, instituindo, nas escolas, a obrigatoriedade do programa de Educação Física, pela Reforma de Ensino de 1931...".
76. Revista de Educação, 11/12, pp. 109-111. As conclusões desse congresso foram arroladas em quatro tópicos, assim discriminados:
"A. Conclusões extraídas das teses sobre 'A Educação Física elementar', 'A Educação Física na escola secundária' 'A Educação Física nas escolas normais' e 'As bases científicas da Educação Física';
B. Conclusões extraídas das teses sobre organização de Institutos ou Escolas de Educação Física;
C. Conclusões extraídas das teses sobre organização dos serviços administrativos de Educação Física;
D. Conclusões extraídas das teses sobre a criação de Conselhos e Departamentos Estaduais de Educação Física".

E, sobretudo, refletia o editorial a compreensão que os professores de Educação Física tinham do papel que a ela, Educação Física, e a eles, especialistas, era destinado. A parte do editorial em que aludiam à necessidade de se tratar, com o máximo empenho possível, "... do nosso aprimoramento racial, do robustecimento do nosso povo...", e aquela outra passagem em que se referiam à necessidade de se contar com "... homens aptos a enfrentarem os problemas que a situação (oferecia) e, para a solução dos quais, não (bastava) apenas um excessivo teorismo, (mas sim) também, condições físicas especiais...", corroboram nossa afirmativa.

Conscientemente ou não, estavam se referindo ao duplo papel que a ela caberia representar naquele período histórico, tão claramente evidenciado, cinco meses depois, pelo texto da Lei Constitucional n. 1 da Constituição dos Estados Unidos do Brasil, promulgada em 10 de novembro de 1937:

> ... Artigo 131 – A Educação Física, o ensino cívico e os trabalhos manuais serão obrigatórios em todas as escolas primárias, normais e secundárias, não podendo nenhuma escola de qualquer desses graus ser autorizada ou reconhecida sem que satisfaça àquela exigência.
>
> Artigo 132 – O Estado fundará instituições ou dará o seu auxílio e proteção às fundadas por associações civis, tendo umas e outras por fim organizar, para a juventude, períodos de trabalho anual nos campos e oficinas, assim como promover-lhes a disciplina moral e o adestramento físico, de maneira a prepará-la ao cumprimento dos seus deveres para com a economia e a defesa da nação...

Percebemos, nesse particular, uma sensível modificação no papel representado pela Educação Física. Ganhava a preocupação com o processo de eugenização da raça brasileira dois outros ingredientes que lhe aferiam um sentido essencialmente pragmático, qual seja, o de voltar-se para o atendimento dos princípios da Segurança Nacional – explicitados em Lei em abril de 1937[77] – no referente ao "cumprimento – por parte do cidadão brasileiro – dos seus deveres para com a defesa da nação" frente aos (a)

---

77. Mário Ribeiro CANTARINO FILHO, apoiando-se em Edgar Carone ("A República Nova" e "Segunda República"), nos diz que as manifestações oriundas tanto do

*perigos internos* que se consubstanciaram, em novembro de 1935, no movimento batizado pelos militares de "intentona comunista" e que se afigurou na direção da desestruturação da ordem política-econômica constituída, e aos (b) *perigos externos*, presentes face à eminência de configuração de um conflito bélico a nível mundial. Além de voltar-se, também, ao "cumprimento dos seus deveres para com a economia", visando assegurar ao processo de industrialização implantado no país, mão de obra fisicamente adestrada e capacitada, a ela cabendo cuidar da preparação, manutenção e recuperação da força de trabalho do Homem brasileiro.[78]

*Cena III*

Constituíram, a nosso ver, os anos 1930, uma importante etapa na definição dos rumos do capitalismo industrial no país, no lançamento das

---

operariado quanto da burguesia industrial – dois componentes sociais consolidados pelo processo de industrialização do modelo econômico brasileiro – legaram à promulgação, pelo Poder Legislativo, da Lei de Segurança Nacional "... documento legal que tinha a capacidade de 'abafar todo protesto' oriundo da Classe Operária, da burguesia e de toda e qualquer oposição. Elaborado inicialmente em segredo, o anteprojeto apresentado à Câmara dos Deputados, em janeiro de 1935, veio a público, havendo grande reação, inclusive de militares do Exército e da Marinha, que não concordavam com 'as ameaças às liberdades públicas' existentes no anteprojeto, que pretendia 'amordaçar a consciência nacional'. O texto original foi modificado e abrandado, sendo definitivamente sancionada a Lei de Segurança Nacional, em abril de 1935...".

78. A Constituição brasileira de 1934 não chegou a fazer referência explícita à Educação Física. No entanto, a ela se dirigiu quando deu competência à União, aos estados e aos municípios, para "estimular a educação eugênica". A relação da Educação Física com a Educação Eugênica ficara ainda mais evidenciada por ocasião do I Congresso Brasileiro de Eugenia, realizado em julho de 1929, quando o dr. Jorge de Morais apresentou, na sessão inaugural do evento, na seção "Da Educação Física como fator eugênico: Sua orientação no Brasil", três teses que podem ser condensadas na primeira delas, qual seja, aquela em que "... a bem da saúde e desenvolvimento da raça, o I Congresso (...) apelava para a classe médica, a fim de aprofundar a cultura nacional no que diz respeito às bases e orientação científica da Educação Física, a começar pela escolha do método apropriado aos brasileiros e ao seu clima...".

bases de um novo modelo; pressupostos necessários à que esse modelo viesse a se desenvolver plenamente na década de 1950. Marcado por um intenso processo de modernização e por reformas políticas bastante significativas, operou-se no país, naqueles anos, a transição de uma sociedade agroexportadora para uma sociedade de base urbano-industrial; processo de transição esse que definia a passagem de uma ordem social essencialmente rural para uma ordem urbana, na qual o setor industrial passaria a ser o elemento dinâmico da economia. "... As forças econômico-sociais apontadas são as vinculadas às atividades urbano-industriais propriamente ditas. E, sob esse prisma, a opção ditatorial (1937/45) explica-se como condição possível, dadas as circunstâncias do momento externo e, especialmente, interno, de desenvolvimento de um modelo capitalista-industrial, mesmo que ainda dependente..."[79]

Marinete dos Santos Silva, em seu livro *A educação brasileira no Estado Novo*, resultou da situação depressiva em que se encontrava a agricultura e da viabilidade do setor industrial. Um executivo forte exprimia, assim, a salvação da agricultura e o patrocínio da industrialização. O papel ativo desempenhado pelos militares na articulação do golpe expressava a necessidade de acabar de vez com a instabilidade política e econômica da década de 1930 e que se manifestava de forma bastante grave no interior das Forças Armadas (...) o Estado Novo, então, desenvolveu-se atendendo aos interesses de dois setores da burguesia: o agrário e o industrial...".[80]

E a Educação? Segundo Vanilda Paiva, "... com o Estado Novo, a Política educacional se transforma, pois o novo regime de autoridade tinha diretrizes definidas e ideologia própria a ser difundida pela Educação...".[81] As diretrizes ideológicas que nortearam a política educacional naquele período possuíam como substância a exaltação da nacionalidade, as críticas ao beralismo, o anticomunismo e a valorização do ensino profissional. Tais aspectos vieram a significar profundos abalos no "otimismo pedagógico", pois as possibilidades de manutenção da "neutralidade técnica" esvaziaram-

---

79. Maria Luísa Santos RIBEIRO, *op. cit.*, p. 120.
80. Marinete dos Santos SILVA, *A educação brasileira no Estado Novo*, p. 23.
81. Vanilda Pereira PAIVA, *op. cit.*, pp. 130-131.

se significativamente ao serem clarificadas a não procedência do modo de pensar que desvinculava do pensamento pedagógico a reflexão sobre a sociedade. Nesse sentido, nos diz Vanilda Paiva, "... O Estado Novo atuou em favor do 'realismo em Educação', ou seja, de uma visão do processo educativo em seus vínculos com a sociedade a que serve, acentuando, porém, a sua função de conservação social...".[82] Nessa direção, é esclarecedor o discurso de Gustavo Capanema, ministro da Educação durante o Estado Novo: "... Assim, quando dizemos que a Educação ficará ao serviço da nação, queremos significar que ela, longe de ser neutra, deve tomar partido, ou melhor, deve reger-se por uma filosofia e seguir uma tábua de valores, deve reger-se pelo sistema das diretrizes morais, políticas e econômicas, que formam a base ideológica da nação, e que, por isto, estão sob a guarda, o controle ou a defesa do Estado...".[83] Os propósitos de manipulação da Educação em prol da manutenção do regime encontram-se com nitidez em pronunciamentos de Francisco Campos, autor da Carta Magna de 37, como este: "... A Educação não tem o seu fim em si mesma; é um processo destinado a servir a certos valores e pressupõe, portanto, a existência de valores sobre alguns dos quais a discussão não pode ser admitida. A liberdade de pensamento e de ensino não pode ser confundida com a ausência de fins sociais postulados à Educação, a não ser que a sociedade humana fosse confundida com uma academia de anarquistas reduzidos a uma vida puramente intelectual e discursiva...".[84] Em uma entrevista concedida ao Lokal Ensieger de Berlim, em dezembro de 1938, Getúlio Vargas assim se expressou ao responder à pergunta do jornalista a respeito de sua expectativa em relação ao contributo da Educação nacional como instrumento de luta contra o comunismo: "... Não sendo uma simples fornecedora de noções técnicas, mas um instrumento de integração da infância e da juventude na Pátria una e nos interesses sociais que lhes são incorporados, a educação da mocidade, nos preceitos básicos estabelecidos pelo novo Estado, será um elemento não só eficaz, como até decisivo na luta contra o comunismo e outras ideologias que pretendam contrariar e

---

82. *Ibid.*, p. 134.
83. Marinete dos Santos SILVA, *op. cit.*, p. 25.
84. *Ibid.*, p. 25.

subverter o ideal de nacionalidade e as nossas inspirações cívicas; segundo as quais, a juventude, agora mais do que nunca, será formada...".[85]

Para tanto, deveria a Educação instrumentalizar-se. Passamos a assistir, então, ao marcante enfatizar de duas "matérias" que, basicamente, deveriam assumir a responsabilidade de colocar a Educação na direção anunciada pelos discursos mencionados. Surgem, portanto, a Educação Física e a Educação Moral e Cívica como elos de uma mesma corrente, articuladas no sentido de darem à prática educacional a conotação almejada e ditada pelos responsáveis pela definição da política de governo.

Não nos fica difícil, assim, entendermos a razão do enfático tratamento merecido pela Educação Cívica e pela Educação Física explicitado no Plano Nacional de Educação elaborado pelo Conselho Nacional de Educação e encaminhado à Presidência da República em maio de 1937. Marinete dos Santos Silva, assumindo uma visão althusseriana da instituição escolar, assim se reporta à questão: "... Sendo a Escola um aparelho ideológico de Estado, passou a sofrer, logicamente, os ajustes necessários para a veiculação da nova ideologia dominante. Esse fato é perceptível claramente, sobretudo no Plano Nacional de Educação. A excessiva ênfase dada ao ensino cívico e à educação física foram os primeiros indícios desses ajustes...".[86] Segundo aquele plano, o ensino cívico seria ministrado em todos os graus e ramos de ensino, e a Educação Física seria obrigatória nos cursos primário e secundário, sendo facultativa no superior.

*Cena IV*

O caráter de complementaridade presente entre a Educação Moral e Cívica e a Educação Física evidenciou-se sem margem de dúvida. Externava-se, naquele período, com relação à Educação Física, aquilo que Alcir Lenharo convencionou chamar de "militarização do corpo" (que se dava em três patamares, quais sejam, o da moralização do corpo pelo exercício físico, o

---

85. Vanilda Pereira PAIVA, *op. cit.*, pp. 131-132.
86. Marinete dos Santos SILVA, *op. cit.*, p. 21.

do aprimoramento eugênico incorporado à raça e a ação do Estado sobre o preparo físico e suas repercussões no mundo do trabalho), a qual se deu concomitantemente à "militarização do espiritual".[87] Segundo Lenharo, "... os problemas de segurança e defesa da Pátria exigiam a colaboração civil, através do esporte, para o trabalho organizador e a ação preparatória das casernas. Essa política esportiva nos garantia o cuidar de "nossas imensas reservas vivas". Preocupações dessa natureza levaram à exacerbação dos cuidados para a preservação e salvaguarda do "aprimoramento eugênico incorporado à raça", como o absurdo previsto no Decreto n. 21.241 (artigo 27, letra b) e no item 10 da Portaria n. 13 e 16 de fevereiro de 1938, que estabeleciam a proibição de matrícula nos estabelecimentos de ensino secundário "... *de alunos cujo estado patológico os impeça permanentemente da freqüência às aulas de Educação Física...*",[88] ou então como as recomendações de Waldemar Areno, feitas em artigo publicado na revista *Educação Física*, no sentido de alertar as autoridades competentes para a necessidade de serem tomadas medidas eugênicas que impedissem o "... desencadeamento de uma prole nefasta e inútil...". Sugeria, então, o médico e professor catedrático das disciplinas Anatomia, Fisiologia e Higiene, da Escola Nacional de Educação Física, a esterilização, tanto masculina quanto feminina, a qual preservaria a eles a continuidade das práticas sexuais e interromperia a disseminação do mal, ou seja, a geração de "seres inúteis à sociedade".[89]

Por sua vez, a esperança de que a política esportiva viesse a contribuir para a melhoria da capacidade física do Homem brasileiro refletia a preocupação, mais tarde confirmada, com o quadro de saúde da população brasileira. O professor Cantarino, em uma passagem de seu trabalho, nos traz o dado de que "... a rejeição, por incapacidade física, de recrutas para a Força Expedicionária Brasileira, na junta militar da primeira região, foi de 83,3%...". Portanto, concluiu ele, "... dos 1.704 recrutas mobilizados, somente 284 (16,7 %) estavam aptos para o serviço das armas na FEB...".[90]

---

87. Alcir LENHARO, *Sacralização da política*, pp. 77-78.
88. Mário Ribeiro CANTARINO FILHO, *op. cit.*, p. 145.
89. Waldemar ARENO, "Higiene e saúde", *Educação Física* (53), p. 41.
90. Mário Ribeiro CANTARINO FILHO, *op. cit.*, p. 32.

Por outro lado, segundo Lenharo, antevia-se pela "militarização espiritual" o asseguramento dos atributos "... de uma 'regeneração antropopsíquica: sinergia, solidariedade, intrepidez, obediência, código de conduta, ideal de vitória, senso de superioridade, ambição honesta, perseverança, confiança, consciência'...".[91] Ainda segundo suas palavras, assistíamos, "... através dessa impressionante arrancada militarizante do corpo e da mente...", à implementação de um projeto de "... docilização coletiva dos corpos..." conjugada a uma "... organização compreensiva da sociedade interiormente identificada com a organização militar...". No desejo de ratificar suas impressões, reporta-se a um artigo de Hélion Póvoas, denominado "A tese: A marcha para as alturas" e publicado no n. 44 – nov./38, à página 1, da revista *Educação Física*, que a seguir transcrevemos:

"... Entreguemos ao Exército todos os poderes para que, no setor de Educação Física, ponha em prática, em todo o território nacional, a sua técnica disciplinadora que é, no momento, um evangelho salutaríssimo à nação. Para nos pôr a salvo das tormentas, organizando a nossa defesa, o Exército glorioso precisa de um 'Homem brasileiro', com todas as letras maiúsculas, bem maiúsculas. Confiantes, entreguemo-nos a ele, porque só ele dispõe dos elementos necessários a um renascimento de vigor físico indispensável à organização bélica de uma Pátria, ainda que a mais pacífica, como a nossa. Seja o Brasil, todo ele, no tocante à Educação Física, uma Escola de Educação Física do Exército...".[92]

Os inúmeros escritos da época não deixaram dúvidas a respeito do modelo em que os defensores dessa escalada se apoiavam. Vejamos um trecho de um outro artigo, publicado pelo DIP – órgão responsável pela divulgação das notícias governamentais, pelo controle da opinião pública e pela promoção da imagem popular de Getúlio Vargas –, e busquemos nele identificar sua matiz: "... O Exército recebe os párias, os iconoclastas e os normais e os funde num só cadinho, mercê da democracia em que vivemos. Porém, dessa fusão não sai um tipo *standard* de soldado, não sai o cidadão ideal (...) Concebendo os três círculos concêntricos (...) como órbitas

---

91. Alcir LENHARO, *op. cit.*, p. 80.
92. *Ibid.*, p. 81.

descritas por três astros – a educação no lar, na escola e na caserna –, teríamos como satélites gravitando em torno deles as artes, as indústrias, as comunicações, o comércio, as finanças (...) Dentro desta estrutura, há povos respeitados e nações fortes. Não falei aqui em humanidade, friso, só falei de nações, se bem que, desde o berço, seguindo a doutrina sapientíssima de Jesus, devamos amar ao próximo como a nós mesmos. E o mundo seria um paraíso de amor se pudéssemos, sem distinção de castas e de raças, afastar do ser humano o ódio, a inveja, a vaidade, a soberba, elementos geradores das guerras, que alguém definiu como uma terapêutica que Deus emprega para purificar a humanidade e que Ruskin considerava como a 'mãe da virtude e do gênio' e com convicção sentenciava que 'todas as artes puras e nobres da paz, são fundadas sob a guerra'. Nestas condições, não podemos desprezar a fórmula 'si vis pacem para bellum' e temos que incutir no cérebro, no coração, enfim, na inteligência e no sentido da criança, em primeiro lugar, acendrado espírito de nacionalismo, a única coisa que nos fará crescer aos olhos dos alienígenas, seguindo o exemplo de nações agonizantes como a Alemanha, a Itália e Portugal que completamente sem vigor, de uma hora para outra se transmudaram em potências respeitadas pelas demais, *graças aos esforços de Hitler, de Mussolini e de Salasar...*".[93]

Pois foi a intenção de *"acendrar"* – no sentido mesmo de purificar – o espírito de nacionalismo do jovem, que orientou a promulgação do Decreto-lei n. 2.072 .de 8 de março de 1940, que dispunha sobre a obrigatoriedade da Educação Cívica, Moral e Física da infância e da juventude, fixava as suas bases e para implementá-las organizava uma instituição nacional denominadas *Juventude brasileira*. Submetida ao Ministério da Educação e Saúde e ao da Guerra, tinha por objetivo, conforme as palavras do próprio presidente Vargas, "... incrementar a educação cívica das novas gerações, organizando a juventude por forma a constituir reserva facilmente mobilizável,

---

93. Tenente-coronel José de Lima FIGUEIREDO, "A educação física e o exército", Departamento de Imprensa e Propaganda, *Estudos e conferências*, pp. 21-30. Conferência da série patrocinada pela Associação Brasileira de Educação Física, realizada no dia 16 de outubro de 1941, no Palácio Tiradentes, pelo comandante da Escola de Educação Física do Exército.

sempre que houver objetivo patriótico a alcançar...".[94] Inspirado em instituições congêneres existentes na Itália (os Balila e os Avanguardisti) e na Alemanha (a Juventude Hitlerista), a Juventude brasileira, mesmo não chegando a consolidar-se na prática, refletiu os anseios dos militares e da classe dirigente que nela depositavam suas esperanças de construção de um país de jovens afinados com a ideologia dominante.[95] Difícil é burlarmos a tentação de reproduzirmos o Decreto-lei em sua totalidade. Dada, porém, sua extensão, passamos a retratar apenas os quatro primeiros artigos, suficientes para tornar evidente o caráter de complementaridade existente entre a Educação Cívica e a Educação Física, ao definir a competência de uma e de outra:

> Artigo 1º – A Educação Cívica, Moral e Física é obrigatória para a infância e a juventude de todo o país, nos termos do presente Decreto-lei.
> 
> Artigo 2º – A Educação Cívica visará à formação da consciência patriótica. Deverá ser criado, no espírito das crianças e dos jovens, o sentimento de que a cada cidadão cabe uma parcela de responsabilidade pela segurança e pelo engrandecimento da Pátria e de que é dever de cada uma consagrar-se ao seu serviço com maior esforço e dedicação.
> 
> § Único – É também papel da Educação Cívica formar, nas crianças e nos jovens do sexo masculino, o amor ao dever militar, a consciência das responsabilidades do soldado e o conhecimento elementar dos assuntos militares, e bem assim dar às mulheres o aprendizado das matérias que, como a enfermagem, as habilitem a cooperar, quando necessário, na defesa nacional.

---

94. Marinete dos Santos SILVA, *op. cit.*, p. 26.
95. *Ibid.*, p. 27. A fé depositada na Juventude brasileira pode ser detectada nessa observação feita pelo então presidente do clube Militar, General José Meira de Vasconcelos: "... A cruzada pela organização da Juventude brasileira é a maior e a mais inadiável tarefa de civismo de nossos dias, é imperativo a que se subordinam todas as demais soluções educacionais de nossa Pátria...".

Artigo 3º – A Educação Moral visará à elevação espiritual da personalidade, para o que buscará incutir nas crianças e nos jovens a confiança do próprio esforço, o hábito da disciplina, o gosto da iniciativa, a perseverança do trabalho e a mais alta dignidade em todas as ações e circunstâncias.

§ Único – A Educação Moral procurará, ainda, formar nas oficinas e nos jovens de um e outro sexo, os sentimentos e os conhecimentos que os tornem capazes da missão de pais e mães de famílias.

Às mulheres dará, de modo especial, a consciência dos deveres que as vinculam ao lar, assim como o gosto dos serviços domésticos, principalmente dos que se referem à criação e à educação dos filhos.

Artigo 4º – A EDUCAÇÃO FÍSICA a ser ministrada de acordo com as condições de cada sexo, por meio da ginástica e dos desportos, terá por objetivo não somente fortalecer a saúde das crianças e dos jovens, tornando-os resistentes a qualquer espécie de invasão mórbida e aptos para os esforços continuados, mas também dar-lhes ao corpo, solidez, agilidade e harmonia.

§ Único – Buscará ainda a EDUCAÇÃO FÍSICA dar às crianças e aos jovens os hábitos e as práticas higiênicas que tenham por finalidade a prevenção de toda a sorte de doenças, a conservação do bem-estar e o prolongamento da vida...[96]

A explícita identificação ideológica do Governo Vargas com as nações do eixo não foi, porém, suficiente para evitar, por motivos sobejamente conhecidos, a declaração do estado de guerra contra aqueles países, assinada em 31 de agosto de 1942 e ratificada pela convocação do estado de mobilização geral adotado em 16 de setembro daquele mesmo ano. O que se presenciou, então, foram cenas de fazer inveja àquelas descritas por George Orwel em seu *1984*. Deu-se início a um processo de "retificação" de palavras e atos, buscando convencer a opinião pública que o novo posicionamento não o era de verdade, ou seja, sempre existira dessa forma. Assim, com relação à "Juventude brasileira", assistimos ao esforço de seu

---

96. Maria LENK, *op. cit.*, pp. 43-48.

Secretário-Geral, tenente-coronel Jair Dantas Ribeiro, de descaracterizar qualquer identificação dela para com suas congêneres nazifascistas: "... A propósito, sabemos todos que, apesar da conduta cristalina do Brasil em face do momento internacional, ainda há espíritos de má-fé, que se ocupam em procurar indícios de 'fascismo' na nova política do país. Um desses indícios é, ao que afirmam, a criação da Juventude brasileira. Estribam-se, para isto, numa simples questão de nome, uma exterioridade afinal, como se determinadas palavras fossem privilégio de determinados partidos totalitários. Longe de qualquer vislumbre de totalitarismo, a Juventude brasileira não tem, na sua organização, nada que se pareça, de leve, com as organizações dos jovens alemães e italianos. E se isso se dá com a sua organização, melhor ainda é o que se verifica com o seu sentido filosófico e político que outro não é senão o do regime brasileiro...".[97]

## Cena V

Se, porém, por um lado, a promoção da *disciplina moral* e do *adestramento físico* da juventude brasileira impunha-se em razão da preocupação com a "defesa da nação", por outro – de forma alguma excludente do primeiro, pelo contrário, com caráter complementar – sua razão de ser afinava-se com a necessidade sentida de condicioná-la ao cumprimento dos seus deveres com o desenvolvimento econômico brasileiro.

A Carta Constitucional de 1937 trazia expressamente, em seu artigo 129, o princípio da responsabilidade do Estado para com o ensino profissional. Atendia esse preceito legal às imposições decorrentes da conjuntura sociopolítico-econômica nacional e internacional do período. O Brasil, em pleno processo de implementação de seu parque industrial, vinha se deparando com dificuldades cada vez maiores de continuar a dar vazão ao crescimento de seu setor industrial, como também de garantir o

---

97. A Juventude Brasileira, Diário *A manhã*, RJ, 18/4/1943, *apud* Marinete dos Santos SILVA, *op. cit.*, p. 42.

atendimento das aspirações da sociedade brasileira com relação ao acesso aos produtos industrializados não produzidos no país, ou então produzidos em escala inferior à demanda. Até então, o Brasil vinha suprindo sua carência de mão de obra especializada através de sua importação junto aos países europeus. Era também do mercado europeu que o Brasil encomendava os produtos industrializados não produzidos – ou produzidos em pequena escala – por suas indústrias, produtos esses que passavam a integrar o quadro de "necessidades de consumo" de uma, cada vez mais exigente, parcela da sociedade brasileira.

Porém, com o advento da Segunda Guerra Mundial, tornou-se inviável continuar a atender às necessidades internas – tanto as de preservação, ampliação e melhoria da qualidade de produção de seu composto industrial, quanto as de consumo dos bens industrializados – através daqueles mecanismos, haja visto ter o a Europa o foco central daquele conflito bélico mundial.

Evidenciou-se, então, a premente necessidade de o Brasil – buscando garantir a ininterrupção do seu processo de desenvolvimento – encontrar formas de preencher as lacunas abertas em seu projeto de industrialização, por conta da situação internacional. A intenção presente no artigo 129 da Constituição de 1937 veio a materializar-se – como resposta à necessidade mencionada – através da "Reforma Capanema", denominação recebida por um conjunto de leis ordinárias que, a partir de 1942, objetivaram a regulamentação do preceituado naquele artigo constitucional.

Em todos aqueles documentos legais, a Educação Física foi contemplada como sendo matéria obrigatória a ser oferecida pelos estabelecimentos de ensino e cumprida por todos os alunos até os 21 anos de idade. Buscava-se, dessa forma, atender ao preceito constitucional contido em seus artigos 131 e 132, referente à promoção do adestramento físico necessário ao cumprimento – por parte da juventude – "de seus deveres para com a economia".

Assim, em 1942, por intermédio da promulgação, em 30 de janeiro, da Lei Orgânica do Ensino Industrial – Decreto-lei n. 4.073 – a Educação Física tornava-se obrigatória naquela modalidade de ensino. Quase dois anos depois, em 28 de dezembro de 1943, chegava a vez de os cursos comerciais assumirem a sua obrigatoriedade, regulamentada por força da Lei Orgânica do Ensino Comercial, Decreto-lei n. 6.141 e, em 20 de agosto de 1946, já encerrado o período estadonovista, ela chegava, via Lei Orgânica do Ensino Agrícola – Decreto-lei n. 9.613 –, àquele ramo de ensino.

Mas se os cuidados com a formação de mão de obra fisicamente adestrada e capacitada eram a justificativa maior da presença da Educação Física no sistema oficial de ensino, fora dele, sua ação, orientada para a manutenção e recuperação da força de trabalho do operariado, ocorria de forma distinta daquela.

Atendia, assim, a Educação Física, fora do sistema oficial de ensino técnico-profissionalizante – aquele de responsabilidade direta do Estado – a necessidade de, através de sua ação, colaborar para que a extensão do controle sobre o trabalhador – tanto por parte das entidades patronais, quanto por parte do Estado, via Ministério do Trabalho –, se desse para além de seu tempo de trabalho, já por eles administrado, incorporando dessa maneira, às suas esferas de ação, tudo aquilo que girasse em torno da forma como o trabalhador viesse a ocupar o seu tempo de não trabalho, entendendo-se como tal tanto o tempo de recuperação da sua força de trabalho como também o seu tempo livre, expressão do tempo que lhe restava da adição do tempo de trabalho ao tempo de recuperação. O propósito de tal ação vincula-se à intenção de orientar a ocupação do tempo de não trabalho do trabalhador, no sentido de relacioná-lo, ainda que indiretamente, ao aumento de sua capacidade de produção.

*Cena VI*

Mas não somente a ela, produção, eram direcionadas as ações entabuladas. Pretendia-se mesmo, de forma articulada à preocupação com a produção, estabelecer um processo de educação da classe trabalhadora, pautada nos valores burgueses dominantes, de forma a descaracterizá-la enquanto classe social, diluindo os antagonismos de classe presentes na relação Capital-Trabalho.

Marinete dos Santos Silva nos reporta a duas passagens em que o ministro Capanema explicita tais intenções. Na primeira delas, refere-se ele à criação, pelo Decreto-lei n. 4.048, de 22 de janeiro de 1942, do "Serviço Nacional de Aprendizagem dos Industriários", posteriormente denominado "Serviço Nacional de Aprendizagem Industrial", Senai: "... Reconstituiu-se, entre nós, mas de modo mais extenso e mais eficiente, do ponto de vista da riqueza e da cultura nacionais, o generoso, o humano, o belo sistema da medieval educação profissional, em que o dono da indústria não era apenas o patrão do seu jovem empregado, mas também o seu educador...".[98]

Na segunda passagem, assim clarifica ele suas intenções: "... A coletividade verá de perto os benefícios que o sistema trará ao país, criando uma nova mentalidade das classes trabalhadoras, para que melhor exerçam suas atividades, sem ressentimentos e sem desarmonia, num justo equilíbrio de ação, para maior estabilidade e grandeza da vida nacional...".[99]

A construção da "nova mentalidade das classes trabalhadoras", mencionada por Capanema, contou em sua edificação com os préstimos da Educação Física. A contribuição das atividades físico-esportivas para a

---

98. *Ibid.*, p. 33. Nesse particular, não conseguimos conter a vontade de estabelecermos uma analogia entre a fala de Capanema, publicada nos anais do Ministério da Educação e Saúde, em 1942, com a matéria publicada pela *Folha de S.Paulo*, em edição de 4 de outubro de 1987, sob o título "Bradesco fornece ensino gratuito a 40 mil estudantes". José Roberto de Toledo, o repórter, inicia o artigo dizendo que "... a maior empresa privada do país é, também, uma das principais responsáveis pela rede técnico-educacional brasileira.
Com cerca de 153 mil funcionários, o Bradesco, através de seu sistema de educação básica, atende, atualmente, 40 mil estudantes que recebem formação técnica desde o 1º grau. Este número equivale a quase 60% dos alunos de cursos técnicos mantidos pelo governo federal (...) Tanto os funcionários quanto os alunos da Fundação Bradesco devem, ao entrar na organização, escrever de próprio punho uma declaração de princípios que define a filosofia da instituição. Há diferenças entre as declarações dos funcionários e alunos, mas basicamente elas defendem o 'respeito à Pátria, à família e amor ao trabalho'. A declaração de princípios funciona como balizamento da conduta de qualquer pessoa que trabalhe ou estude no Bradesco, e o respeito a ela se impõe como condição necessária de permanência na instituição. O Lazer e o Esporte compõem o quadro das ações desenvolvidas pela instituição em suas escolas, como também em centros de atendimento de seus funcionários...".
99. Marinete dos Santos SILVA, *op. cit.*, p. 34.

consecução dos objetivos enunciados por Capanema pode ser observada na forma como o diretor da Escola Nacional de Educação Física, major Inácio Rolim, em 1941, se expressou ao proferir palestra denominada "Educação física nas classes trabalhistas", por ocasião do Ciclo de Conferência promovido pela Associação Brasileira de Educação Física: "... Atividades dessa natureza (exercícios, natação, boxe, ciclismo, remo) (...) constituem oportunidades favoráveis para que o trabalhador possa levar a efeito, íntima comunhão com seus camaradas e íntima ligação com a direção da empresa.

O desporto serve admiravelmente para realizar o supremo princípio da unidade da empresa, no sentido de uma verdadeira comunidade. Graças a esta valiosa operação, manifesta-se um conhecimento perfeito dos diversos elementos da mesma associação e as horas de recreação desportiva são de manifestações eloquentes de grande solidariedade...".[100]

Ao lado da descrição dessa função "sociabilizadora", menciona o major Rolim uma outra; de ordem compensatória. "... O desenvolvimento e a conservação conscientes da capacidade de trabalho e da saúde do operário, constitui para toda a sociedade econômica uma necessidade de real importância.

Restabelecer convenientemente a compensação do desgaste de forças, mediante a prática dos exercícios adequados, constitui a missão da Educação Física nos estabelecimentos fabris. Este revigoramento e fortalecimento corporais, mediante os desportos e jogos ao ar livre e ao sol, devem compensar o esforço realizado no desempenho da profissão, proporcionando forças, alegria e saúde (...) A organização das instituições com objetivo de colocar ao alcance do operário as possibilidades de divertir-se, melhorando a saúde depois de um dia de trabalho, é deveras empolgante pelos seus mais amplos e benéficos resultados."[101]

Ao finalizar seu pronunciamento, o major Rolim faz a conjugação dos dois objetivos a serem alcançados pela Educação Física nas "Classes Trabalhistas": "... A industrialização conseqüente da siderurgia impõe aos

---

100. Inácio ROLIM, "Educação física nas classes trabalhistas", Departamento de Imprensa e Propaganda, *Estudos e Conferências*, p. 83.
101. *Ibid.*, pp. 83-85

construtores de todo o maquinismo agrícola e rural de trilhos, motores de aviões e armas um mundo material e mais humano, a utilização das horas de folga com momentos felizes de reparações, ser sociável para competir com elegância e triunfar com energia.

Esta é a nova filosofia de vida e para ela pretendemos orientar a nossa gente pela Educação Física. Ela nos proporcionará um desenvolvimento muscular mais amplo, uma capacidade pulmonar maior, a circulação mais ativa e a função digestiva mais regularizada, em síntese, o equilíbrio orgânico. Intelectualmente, ela solucionará situações variadas que requerem raciocínio, atenção, iniciativa, controle, memória e julgamento. Entretanto, assume maior importância, avulta como meio de transformação do indivíduo em cidadão útil à coletividade, o 'valor social da prática da Educação Física'. Ela disciplina emoções, forja a personalidade, desenvolve o caráter e as demais qualidades que o elegem padrão de moral, de dignidade e de virtudes.

Nos campos de desporto, devem-se ministrar lições de cooperação e de compreensão ao respeito pelos direitos alheios e à lei, ajustamento ao grupo e a sacrificar-se pelo benefício comum. Eis, senhores, como aspiramos orientar os obreiros da grandeza do Brasil, no raiar desta nova aurora adivinhada pelo épico de 'Os Sertões' quando vaticinava que haveríamos de ser uma componente nova entre as forças cansadas da humanidade...".[102]

Mas não só as instituições patronais, nos moldes do *Senai* e do *Senac* – Serviço Nacional de Aprendizagem Comercial, criado através do Decreto-lei n. 8.621, quatro anos depois do seu similar, no campo industrial, em 10 de janeiro de 1946 – somaram esforços no sentido de estabelecer uma fiscalização sobre o trabalhador, de forma a vir controlá-lo também em seus momentos não vinculados ao espaço fabril, sempre voltadas para o atendimento dos interesses dos detentores dos meios de produção, no concernente à melhoria da capacidade produtiva da Classe Trabalhadora brasileira. Também o Estado se apressou em fazê-lo. Assim, em 1943, o governo estadonovista criou, pela Portaria n. 68 de 6 de setembro, o *"Serviço de Recreação Operária"*. Vinculado ao Ministério do Trabalho, buscava atender as expectativas do operariado, fosse ele jovem ou adulto, no campo

---

102. *Ibid.*, p. 87.

da cultura, do escotismo e do desporto.[103] Acreditamos não fazer necessário explicitarmos o norte político-ideológico que orientava o atendimento das aludidas expectativas.

Dada a relevância do papel destinado à Educação Físsica, naquele momento histórico, nada mais coerente que dotá-la de condições que lhe garantissem uma sólida *performance*. Assim, em 17 de abril de 1939, deu-se a criação, na Universidade do Brasil, da Escola Nacional de Educação Física e Desportos. Na exposição de motivos do ministro de Educação e Saúde, Gustavo Capanema, datada de 27 de janeiro daquele mesmo ano, quando da apresentação do Decreto-lei n. 1.212 que a criava, assim referiu-se ele à Educação Física: "... A Constituição, artigo 131, estabelece que a Educação Física é obrigatória em todas as escolas primárias, normais e secundárias da República, e é óbvio que, conquanto não obrigatória, esta espécie de educação é aconselhável em todos os demais estabelecimentos de ensino no país...".[104]

Dois anos mais tarde, deu-se a promulgação do Decreto-lei n. 3.199, de 14 de abril, que estabeleceu as bases de organização dos desportos em todo o país. Interessante lembrar que esse Decreto-lei permaneceu em vigor até o ano de 1975, quando foi revogado pela Lei n. 6.251 que, regulamentada dois anos mais tarde pelo Decreto n. 80.228, passou a cuidar dos destinos da Educação Física e do Desporto.

Acreditamos não se fazer necessário avivar – ainda mais do que aqui fizemos – as lembranças daquilo que significou o Estado Novo na história social e política da sociedade brasileira. Ingênuo seria pensar que documentos legais promulgados naqueles tempos não trouxessem, enraizados em si, profundas cicatrizes do autoritarismo que permeou todos aqueles anos. Mais intrigante ainda é saber que os novos documentos legais que se sucederam àqueles, na direção dos destinos da Educação Física e do Esporte no Brasil, em pouco ou em quase nada alteraram a política traçada pelos seus antecessores.

*Intervalo...*

---

103. Alcir LENHARO, *op. cit.*, p. 104.
104. Mari LENK, *op. cit.*, pp. 30-31.

## TERCEIRO ATO

*Cena I*

Com o fim do Estado Novo, acompanhamos o movimento da sociedade brasileira em busca de caminhos que a recolocassem dentro de padrões tidos como de "normalidade democrática". A elaboração de uma nova Carta Magna, em 1946, que viesse a substituir aquela de 1937, canalizou as atenções dos diversos segmentos sociais em geral e dos políticos em particular, com vistas a dar a ela contornos liberais-democráticos que a distinguissem marcadamente dos traços autoritários de sua antecessora.

No campo educacional, deflagrou-se, em meados de 1948, um debate – a partir da formação, por parte do então ministro da Educação, Clemente Mariani, de uma comissão de educadores – em torno de questões circunscritas à intenção de se elaborar um projeto de Diretrizes e bases para a Educação nacional. Canalizou-se, desta forma, esse campo específico de luta, os debates dos educadores que, remanescentes do movimento havido no início da década de 1930 e abafado por conta do período estadonovista, viam vitoriosas no texto constitucional de 1946 muitas das bandeiras por eles defendidas e enunciadas no conhecido Manifesto de 1932.

O que se deu, portanto, a partir daquela data, até a promulgação, 13 anos depois, da lei n. 4.024 – Lei de Diretrizes e Bases da Educação Nacional – foi todo um debate em torno de questões atinentes à Educação Nacional. Centrado, num primeiro instante, na questão da organização dos sistemas de ensino – na qual despontavam duas posições divergentes, a primeira delas defendendo uma concepção centralizadora, aparentemente pautada ainda nos princípios presentes na Constituição de 1937, e a segunda, apoiada na Carta de 1946, deixando antever uma concepção federativo-descentralizadora do sistema de ensino – teve, a partir de 1958, uma mudança de enfoque no rumo das discussões, passando, em razão do substitutivo Carlos Lacerda, a enfocar a questão do, nele denominado, monopólio estatal das "coisas" da Educação, atendendo as pressões contra esse monopólio, a interesses privatistas, o qual, por sua vez, contava com o respaldo das instituições confessionais, na busca de resgatar a sua influência na gerência das questões da Educação.

Segundo Otaíza Romanelli, se, sob a ótica do processo de luta, os resultados foram positivos, pois "... revelaram, entre outros aspectos, da parte dos educadores da velha geração de 1930, agora acompanhados pelos da nova geração, uma disposição firme para a continuação da luta iniciada duas décadas antes, mas interrompida durante o intervalo ditatorial...",[105] sob a ótica da análise do produto final obtido com a promulgação da lei, os resultados foram negativos, pois "... a lei que fora tão discutida e que poderia ter modificado substancialmente o sistema educacional brasileiro iria, no entanto, fazer prevalecer a velha situação, agora agravada pela urgência da solução de problemas complexos de educação, criados e aprofundados com a distância que se fazia sentir, havia muito, entre o sistema escolar e as necessidades do desenvolvimento...".[106]

Dermeval Saviani, em artigo denominado "Análise crítica da organização escolar brasileira através das Leis n. 5.540/68 e 5.692/71",[107] nos aponta o caminho para o entendimento do que se passou nos anos que se sucederam ao período do Estado Novo até os momentos mais próximos ao movimento de abril de 1964. Necessário se faz frisar ser tal entendimento de suma importância para a compreensão do fato de ter tido a ruptura advinda através do regime de exceção implantado em 64, caráter unicamente político, tendo em vista a preservação da ordem socioeconômica em vigor, dado que a continuidade no poder daqueles que o detinham conduziria, inevitavelmente, ao desequilíbrio do referido nível. Daí entende-se que, se no plano socioeconômico não houve perda da solução de continuidade, tal fato tenha se repetido também no plano educacional. É nessa mesma direção que devemos entender a fala de Bergo, em obra já mencionada: "Com a evolução da República, se não se fala mais no positivismo, é que seus termos foram substituídos por novos. 'Ordem e Progresso' estão caracterizados como 'Segurança e Desenvolvimento'. O apoio norte-americano vem reforçar esses ideais através da elaboração de doutrinas como a da Segurança Nacional. Os problemas são os mesmos. No início da República, o problema era livrá-la do atraso secular; hoje é livrá-la do

---

105. Otaíza de Oliveira ROMANELLI, *op. cit.*, pp. 171-172.
106. *Ibid.*, *op. cit.*, p. 179.
107. Dermeval SAVIANI, *Educação: Do senso comum à consciência filosófica*, pp. 133-155.

subdesenvolvimento, porque, segundo os teóricos, ela é a nação chave da América Latina para a defesa do Ocidente. À Escola Superior de Guerra, coube a adaptação da doutrina aos novos tempos. O objetivo é acelerar o progresso, mas manter a continuidade sócio-econômica...".[108]

É dentro desse prisma que se deve, então, perceber o caráter de continuidade contido nos documentos legais que vieram a seguir à Lei n. 4.024 de 20 de dezembro de 1961, que fixou as diretrizes e bases da Educação Nacional. Nota-se que, como lembra ainda Saviani, embora traga ela, em seu bojo, a intenção de tratar da Educação Nacional, limitou-se, porém, tão somente, à organização escolar, prendendo-se, em relação a ela, a apenas regular o funcionamento e controle do que já estava implantado. Daí conclui Dermeval, que "... os verdadeiros problemas educacionais permaneceram intocados e a educação popular sequer foi considerada. A organização escolar manteve, assim, a sua característica de aparelho reprodutor das relações sociais vigentes...".[109] No entanto, importante se faz notar que, embora os objetivos contidos na Lei n. 4.024/61 não tenham sido revogados pelas Leis n. 5.540/68 e 5.692/71, não significa estarem elas envolvidas do mesmo espírito daquela. Como diz Saviani, "... uma vez que a continuidade sócio-econômica só pode ser garantida através da ruptura política, inevitavelmente o espírito acabou sendo alterado. A inspiração liberalista que caracterizava a Lei n. 4.024/61 cede seu lugar a uma tendência tecnicista nas Leis n. 5.540/68 e 5.692/71...".[110]

Explicitava-se tal tendência tecnicista na incorporação, por parte dos responsáveis pela definição da política educacional, de um entendimento do sistema educacional associado, quase que mecanicamente, à qualificação profissional, pautado em parâmetros fixados por uma formação técnico-profissionalizante respaldada na concepção analítica de Educação, pertencente ao quadro das Teorias Acríticas de Filosofia da Educação – conforme classificação de Saviani – geradora de posturas despidas de criticidade, apoiada e paralelamente ratificadora do modelo tecnocrático de

---

108. Antonio Carlos BERGO, op. cit., p. 161.
109. Dermeval SAVIANI, op. cit., pp. 144-145.
110. Ibid., p. 148.

desenvolvimento, traduzido, em termos de Política educacional, na Teoria do Capital Humano, referencial teórico do tecnocratismo educacional. Intencionava-se, segundo palavras de Romanelli, adotar-se "... em definitivo, as medidas para adequar o sistema educacional ao modelo de desenvolvimento econômico que então se intensificava no Brasil...".[111]

Essa compreensão do sistema de ensino, afinada com a Teoria da Economia da Educação,[112] foi forjada através dos *Convênios Mec-Usaid* e ratificada no *Relatório Meira Matos* e naquele outro referente ao *Grupo de Trabalho da Reforma Universitária*, e na Lei n. 5.692/71 – Lei de Diretrizes e Bases para o ensino de 1º e 2º graus, institucionalizando, desta forma, por meio desses documentos legais, os princípios inseridos nas ideias da Usaid.

Maria de Lourdes Manzini Covre, a certa altura de seu trabalho,[113] recorre a Marilena Chauí (*Ideologia e educação* e *Educação, simplesmente*) e a Luis Pereira (*Classe operária: Situação e reprodução*), para trazer à baila o debate acerca dos "traços da concepção tecnocrática de educação". Diz-nos ela: "... A ascensão da concepção tecnocrática de educação revela a ascensão hegemônica do monopolismo no embate das visões educacionais das frações do capital: o embate entre uma concepção mais liberal, nomeada humanista, e uma concepção mais funcional, empresa-educação, a

---

111. Otaíza de Oliveira ROMANELLI, *op. cit.*, p. 196.
112. Carlos Benedito MARTINS, *Ensino pago, um retrato sem retoques*, p. 60, busca, em estudo de Ted Goertzel, por ele citado, a análise das "... características ideológicas que informam o pensamento e o planejamento educacional da Usaid e de sua aplicação na sociedade brasileira...". Refere-se Goertzel aos autores que orientam este pensamento como sendo os teóricos da Economia da Educação.
"... Concebem estes educadores o ensino superior como uma variável fundamental no desenvolvimento econômico, pois o sistema de ensino constitui uma fonte de formação de recursos humanos para o incremento das atividades industriais. Nesta concepção sobre o processo educacional, tal ensino definiu-se claramente a favor dos interesses dos grupos dominantes da sociedade. O traço mais característico dessa posição, com relação à educação, constituiu-se na ênfase dada para carreiras específicas em vez do desenvolvimento da formação de forças intelectuais mais amplas, concebendo a educação como uma parte do treinamento de indivíduos para aplicação de conhecimentos especializados em suas profissões..."
113. Maria de Lourdes Manzini COVRE, *A fala dos homens*.

tecnicista. Na primeira, 'o estudante, como Homem, é o fim da educação, enquanto na da opção tecnocrática (...) o ser humano é o meio ou instrumento da educação' (Chauí).

Em ambas as concepções educacionais burguesas, o Homem é uma abstração. Todavia, na primeira, pode-se pensar a educação ainda como criação de cultura, o que, na segunda, define-se precipuamente como investimento 'racional' (...) ou, ainda, é um enfoque cujos tratamento e prescrições encontram-se 'sempre na linha da economia da educação: não se cuida de Homens, mas de força de trabalho, não se trata da construção de Homens historicamente determinados, mas da elaboração de um fator de produção necessário – força de trabalho nos vários níveis e tipos de qualificação técnica' (Luis Pereira)...".[114]

*Cena II*

Diante desse novo contexto, a Educação Física continuou a representar seus "papéis", não vindo a sofrer, a "personagem" por ela vivida, modificações substanciais em seus traços de personalidade, que viessem a alterar a característica de sua participação na "peça" em cena. Não nos fica difícil, então, fazermos alusão à maneira como dela lançaram mão, face à predominância – na definição da política educacional – das concepções próprias à Teoria da Economia da Educação.

Teve ela – dada a contundente presença tecnicista nas Leis n. 5.540/68 e 5.692/71 – reforçado o seu caráter instrumental, caráter esse que, num primeiro instante, veio a configurar-se no zelar, enfaticamente, pela preparação, recuperação e manutenção da força de trabalho, buscando, com esse proceder, assegurar ao ímpeto desenvolvimentista então em voga mão de obra fisicamente adestrada e capacitada. Esse caráter instrumental evidencia-se ainda mais quando o Decreto n. 69.450/71, em seu artigo 1º, refere-se a ela como sendo "... *ATIVIDADE* que, por seus meios, processos e técnicas, desperta, desenvolve e aprimora forças físicas, morais, cívicas,

---

114. *Ibid.*, pp. 196-197.

psíquicas e sociais do educando (constituindo-se em) um dos fatores básicos para a conquista das finalidades da Educação Nacional...".[115] O termo *ATIVIDADE* empregado no texto legal tem sua definição expressa formalmente no Parecer n. 853 de 12 de novembro de 1971, do Conselho Federal de Educação, CFE, e na Resolução n. 8 de 1º de dezembro do mesmo ano e daquele mesmo Conselho, ganhando a conotação de *um fazer prático não significativo de uma reflexão teórica.*[116]

A compreensão da Educação Física enquanto "matéria curricular"[117] incorporada aos currículos sob a forma de atividade – *ação não expressiva de uma reflexão teórica, caracterizando-se, dessa forma, no "fazer pelo fazer"* – explica e acaba por justificar sua presença na instituição escolar, *não como um campo do conhecimento dotado de um saber que lhe é próprio, específico – cuja apreensão por parte dos alunos refletiria parte essencial da formação integral dos mesmos, sem a qual esta não se daria* – mas sim enquanto uma *mera experiência limitada em si mesma, destituída do exercício da sistematização e compreensão do conhecimento, existente apenas empiricamente.* Como tal, faz reforçar a percepção da Educação Física acoplada, mecanicamente, à "Educação do Físico", pautada numa compreensão de Saúde de índole biofisiológica, distante daquela observada pela Organização Mundial de Saúde,[118] compreensão essa sustentadora do

---

115. O Decreto n. 69.450 de 1º de novembro de 1971, ao regulamentar o artigo 22 da Lei n. 4.024/61 e a alínea C do artigo 40 da Lei n. 5.540/68, regulamenta a Educação Física como atividade escolar regular, nos currículos dos cursos de todos os graus de qualquer sistema de ensino.
116. Segundo expressão utilizada no corpo do Parecer do CFE n. 853/71, pelo seu relator, Valnir Chagas, "... nas atividades, as aprendizagens desenvolver-se-ão antes sobre experiências colhidas em situações concretas do que pela apresentação sistemática dos conhecimentos...". Por sua vez, a Resolução n. 8/71 do CFE traduz, no *caput* do artigo 4º, a forma como as matérias deveriam ser escalonadas nos currículos plenos de 1º e 2º graus, tratando, em seus parágrafos 1º, 2º e 3º, de definir os termos "Atividades", "Áreas de Estudo" e "Disciplinas".
117. Segundo se depreende do Grupo de Trabalho responsável pelo anteprojeto básico da Lei n. 5.692/71, mencionado pelo relator do Parecer n. 853/71, a palavra "matéria" tem o sentido inequívoco de "matéria-prima" a ser trabalhada.
118. A Organização Mundial da Saúde nos conduz a refletir sobre a necessidade de – ao nos referirmos à saúde de um povo – termos em mente o conceito de Saúde Social

preceituado no parágrafo 1º do artigo 3º do Decreto n. 69.450/71, que diz constituir a aptidão física "... a referência fundamental para orientar o planejamento, controle e avaliação da Educação física, desportiva e recreativa, no nível dos estabelecimentos de ensino...".[119]

O prevalecer do entendimento de saúde em seu aspecto biofisiológico, tão somente, encontra eco na legislação esportiva brasileira, quando ela – no inciso I do artigo 5º da Lei n. 6.251/75 – afirma ser um dos objetivos básicos da Política Nacional de Educação Física e Desportos o "... aprimoramento da aptidão física da população...".[120] Externava-se, dessa forma, a caracterização de uma outra sua faceta, qual seja, aquela voltada às questões afetas à *"performance* esportiva", simulacro, na Educação Física, da ordem da produtividade, eficiência e eficácia inerentes ao modelo de sociedade com o qual a brasileira encontra identificação.[121]

Os exemplos a seguir, recentes, retratam, por si só, essa similitude:

---

por ela desenvolvido, segundo o qual povo saudável é aquele que possui atendidas suas necessidades básicas de alimentação, moradia, transporte, educação, trabalho, lazer... Visto isoladamente, dissociado dos demais fatores de saúde, o exercício físico, antes mesmo de propiciar saúde, pressupõe a sua existência para ser praticado sem incorrer em prática danosa ao Homem.

119. Entende-se, assim, o porquê de o Decreto n. 69.450/71 tratar, no seu artigo 5º, dos padrões de referência para orientação das normas regimentais da adequação curricular dos estabelecimentos, bem como para o alcance efetivo dos objetivos da Educação Física, desportiva e recreativa, situando-os nos quatro incisos que integram esse artigo, quanto a "sequência de distribuição semanal das aulas" (inciso 1), "tempo disponível para cada sessão" (inciso II), "composição das turmas" (inciso III) e quanto ao "espaço útil (a ser) destinado para cada aluno" (inciso IV).

120. Lei n. 6.251 de 8 de outubro de 1975. Institui normas gerais sobre os desportos e dá outras providências. Regulamentada pelo Decreto n. 80.228 de 25 de agosto de 1977.

121. Cabe aqui registrar o surgimento, nesse período – década de 1970 –, dos *Laboratórios de Aptidão Física*, vinculados a órgãos governamentais e/ou a instituições de ensino superior, e desenvolvendo pesquisas, em sua maioria, no campo da Fisiologia do Esforço. Qualquer dúvida a respeito da linha das pesquisas levadas a efeito pelos Laboratórios, bem como da concepção de saúde que as orienta, sugerimos a consulta, a título de exemplo, da publicação do Centro de Estudos do Laboratório de Aptidão Física de São Caetano do Sul, CELAFISCS, denominado "CELAFISCS: 10 anos de contribuição à Ciência do Esporte" (1986).

# O SESI está mostrando lá fora o que algumas pessoas não querem ver aqui dentro:

## Não se mexe em time que está ganhando.

A primeira medalha de ouro dos Jogos Pan-Americanos foi ganha pelo Brasil. Ivo Machado, do SESI de Santo André, venceu a maratona e assegurou ao Brasil o direito de inaugurar o pódium de Indianápolis.

Depois foi a vez de Adauto Domingues, também do SESI de Santo André, que bateu o recorde dos 3.000 metros com obstáculos e encheu mais ainda o nosso peito de orgulho. E de medalhas. Adauto ganhou ainda medalha de prata nos 5.000 metros.

Adauto e Ivo são apenas dois dos muitos atletas de nível internacional do SESI, prontos para ganhar medalhas e ajudar o Brasil a brilhar.

No SESI eles encontram o mesmo apoio que outros 2 milhões de alunos já tiveram para estudar, que 13 milhões de trabalhadores e seus familiares têm para cuidar melhor da saúde, e que 52 milhões de associados têm para aproveitar melhor seus momentos de lazer.

O SESI é isso: o maior clube de trabalhadores do mundo.

E com um pequeno detalhe: para estar presente em mais de 610 municípios, para manter 700 centros de atividades, para dar escola no ano passado a mais de 437 mil alunos, para fornecer, só em 1986, mais de 28 milhões de refeições a trabalhadores e escolares, o SESI depende apenas da iniciativa privada.

Não só o SESI, mas também o SENAI e a Fundação Euvaldo Lodi são mantidos com contribuições fornecidas por todas as indústrias do Brasil.

Este SESI que não cansa de dar certo está agora correndo em direção a um objetivo maior: continuar sendo uma instituição mantida e administrada pela iniciativa privada. Mais nada.

Afinal, o SESI tem 41 anos de vitórias e muitas medalhas no peito.

Vale a pena mexer em time que está ganhando?

**SESI**
Serviço Social da Indústria.

**C.N.I.**
Confederação Nacional da Indústria.

# ESSE EXEMPLO VALE OURO

O Brasil deu um show no Pan. E não foi apenas um show de esporte. Foi uma inesquecível demonstração de talento, criatividade e persistência. Foi um exemplo de garra. E é dessa garra que todos nós estamos precisando. É nessa garra que cada um de nós deve se inspirar para construir, a cada dia, um futuro melhor e mais digno para este país. Trabalhe, lute, confie. Lembre-se do exemplo dos nossos atletas.

Acredite no Brasil. Acredite em você.

**C.N.I.**
**Confederação Nacional da Indústria.**

Nada, entretanto, torna-se mais elucidativo de tudo o que até agora, nesta questão, dissemos, do que reportarmo-nos à matéria mandada publicar pela Associação Cristã de Moços – ACM –, sob a forma de espaço publicitário, na revista *Visão*, em sua edição de 30 de novembro de 1981.

A "justificativa teórica" para tal chamada publicitária, embora já fartamente indicada, ganhou contornos mais nítidos, de extrema singeleza, no livro *Subsídios para implantação de uma política nacional de desportos*, publicado há exatamente 10 anos antes do anúncio da ACM, pelo Departamento de Educação Física, Esporte e Recreação do Governo do Distrito Federal. Pires Gonçalves, seu autor, dizia então da necessidade de as grandes firmas dinamizarem o setor desportivo de seus funcionários e dirigentes. "... Isto poderá ser alcançado – dizia ele – seja através de uma prática bem orientada (colônia de férias, ginástica de pausa, competição entre as diversas fábricas, criação de praças esportivas etc.), seja através de convênios entre os Ministérios de Educação e Cultura – Ministério da Fazenda – Ministério do Interior – Ministério da Indústria e Comércio – Indústria Privada..."[122] Reforçava ele a necessidade de se obrigar "... as grandes organizações (a) proporcionarem meios materiais (campo de futebol e/ou quadras e/ou piscinas) para a prática desportiva nos arredores da empresa, a qual passaria a desempenhar uma importante função social na região...". E prognosticava: "... O rendimento do trabalho e, conseqüentemente, a produção (com esse proceder) apresentariam um crescimento apreciável...".[123]

Mas não era só a percepção de que "trabalhadores bem preparados fisicamente produzem mais e melhor" que orientava a proposta de Pires Gonçalves. Também nos dizia ele, com todas as letras, o que mais poderíamos alcançar com o levar, aos trabalhadores, a prática de atividades físicas de cunho esportivo e/ou recreativo: "... Ainda que algum dono ou gerente de empresa possa pensar que o desporto praticado nos intervalos ou em horas pré-estabelecidas por planejamento vá fatigar os empregados, o efeito é comprovadamente contrário, pois ele atua como uma autêntica ginástica de pausa, compensando as tensões e aumentando o rendimento da Organização. E o lado psicológico? E a atividade lúdica? Os operários passariam a referir-se à equipe de futebol de 'sua fábrica', ao 'seu ginásio', num autêntico e benéfico 'esprit du corps'...".[124] E fechando, então, o capítulo

---

122. José Antonio Pires GONÇALVES, *Subsídios para implantação de uma política nacional de desportos*, p. 38.
123. *Ibid.*, p. 38.
124. *Ibid.*, p. 38.

"Educação física e desportos na organização privada" vaticinava: "... No caso da iniciativa privada, é preciso interessá-la, há que mostrar a necessidade da dinamização desportiva da massa que utiliza, para conseguir, através disso, um sorriso em lugar de um rosto fechado, a alegria substituindo a contrariedade e a angústia. O resultado será, sem dúvida, a cooperação em vez da omissão, a produção em vez da inércia ou do descontentamento. Teremos, assim, conseguido um inteligente investimento em termos de humanismo...".[125]

*Cena III*

Mas a Educação Física e o Esporte não corresponderam às expectativas da classe dirigente tão somente na questão referente ao princípio do "Desenvolvimento". Responderam, também, aos anseios dos governantes, no trato daquele outro, relativo ao polo "Segurança" que, junto ao anterior, compunha o binômio "Desenvolvimento com Segurança", caro à Doutrina da Segurança Nacional, tão ardorosamente defendida pelos guardiões – civis e militares – do movimento de 1º de abril de 1964.[126]

---

125. *Ibid.*, p. 39.
126. Escola Superior de Guerra, *op. cit.*, pp. 418-419. Segundo a ESG, criada pela Lei n. 785 de 20 de agosto de 1949 e estruturada pelo Estado Maior das Forças Armadas, EMFA, com a finalidade legal de "... formar pessoal de alto nível para o exercício das funções de direção e para planejamento da Segurança Nacional..." (artigo 1º), *Segurança Nacional* "... é o grau de garantia que – através de ações políticas, econômicas, psicossociais e militares – o Estado proporciona, em determinada época, à nação que jurisdiciona, para a conquista ou manutenção dos objetivos nacionais a despeito de antagonismos ou pressões existentes ou potenciais...".
Portanto, a Segurança Nacional "... é função de um Poder Nacional fortalecido harmonicamente em suas quatro expressões: Expressão Política, Expressão Psicossocial, Expressão Econômica e Expressão Militar..." devendo esta última estar "... alicerçada numa população significativa em quantidade e qualidade, apoiada numa sólida organização política e numa firme e desenvolvida economia, capaz de atuar com rapidez, eficiência e eficácia para eliminar focos de intranquilidade no âmbito interno e externo do país...". É dentro dos fatores psicossociais que se situa a

No que diz respeito ao Esporte, sua capacidade de catarse, de canalizar em torno de si, para seu universo mágico, os anseios, esperanças e frustrações dos brasileiros, foi imensamente explorada. A lembrança do "... Noventa milhões em ação, prá frente Brasil, salve a Seleção!", numa verdadeira ode à "corrente prá frente", ainda está bastante, e hoje dolorosamente, viva 17 anos passados – em nossas mentes e nossos corações, pois, foi na esteira desses hinos ufanistas – apologistas de uma postura cívica exacerbadamente alienada, patológica – que vieram os odientos crimes políticos cometidos, voluptuosamente, pelos aparelhos repressivos – estatais e paraestatais – num ritmo e forma poucas vezes presenciados na história política da sociedade brasileira.

Foi também no início dos anos 1970, que começou a ganhar corpo o depois conhecido como Movimento *"Esporte para Todos"*, o *EPT*. Assim nos referimos a ele, em artigo publicado no periódico "Corpo e Movimento", de abril de 1985: "... Braço direito do Desporto de massa, apresentado como uma proposta de esporte não formal, inspirado no quadro teórico da Educação Permanente, encontrou o EPT campo fértil para a sua propagação em nosso país, a partir da necessidade sentida pela classe governante de convencer os segmentos menos favorecidos da sociedade brasileira de que o desenvolvimento econômico propalado na fase do 'milagre' tinha seu correspondente no campo social. Essa idéia foi apreendida nos sinais tidos como significativos de melhoria da qualidade de vida do povo brasileiro

---

Educação, por ela definida como sendo "... o processo de aperfeiçoamento do ser humano no sentido da facultar a realização de suas potencialidades, bem como a transmissão e a assimilação de conhecimentos e valores culturais do grupo social..." (p. 359). Vimos convivendo, de há muito, com leis que tratam especificamente da questão da Segurança Nacional. Tivemos, assim, a Lei n. 1.802/53, que definia crimes contra o Estado: o Decreto-lei n. 314/67; o Decreto-lei n. 898/69, bastante utilizado pelo Governo Militar e que acabou se tornando conhecido como a "Lei da Segurança Nacional": a Lei 6.620/78, edição um pouco melhorada da anterior, e a lei n. 7.171 de 14 de dezembro de 1983, a Lei Segurança Nacional em vigor, todas com a característica comum de "... instrumentos de preservação do governo, dos aparelhos do Estado, contra os movimentos sociais...", conforme palavras de José Paulo CAVALCANTI FILHO, em artigo denominado "Lei de defesa do estado democrático" (*Folha de S.Paulo*, 23/7/1987).

(abstratamente considerado, por desconsiderar a divisão da sociedade em classes sociais). O EPT, assim, seria a comprovação de que, ao desenvolvimento econômico alcançado no início da década de 1970, correspondia o desenvolvimento social da sociedade brasileira, expresso – dentre outras formas – no acesso às atividades físicas de lazer pela camada da população, até então, dela alijada...".[127]

Já no espaço institucional escolar, importante se faz resgatarmos os passos dados pela Educação Física e que a fizeram chegar, compulsoriamente, ao ensino superior, no final da década de 1960.

Teve a Educação Física ratificada sua obrigatoriedade no ensino primário e médio, na Lei n. 4.024/61, em seu artigo 22. Não se cogitava, até então, e é importante frisar tal fato, de torná-la obrigatória também no ensino superior. Anos mais tarde, em 1966, o Conselho Federal de Educação deixou transparecer sua posição a esse respeito, quando, no Parecer n. 424, assim se expressou: "... Todos reconhecemos a necessidade e o benefício de exercícios físicos em qualquer idade, desde que devidamente adaptados. Entretanto, a razão de ser da obrigatoriedade prescrita em lei não é tanto o benefício, e sim o papel de fator formativo, que inclui atitudes físicas, mentais e morais. Por isso, a obrigatoriedade da Educação Física se ajusta bem aos cursos de nível médio que, de conformidade com a Lei de Diretrizes e Bases, se destinam à formação do adolescente. Ultrapassada essa faixa de formação, a prática de exercícios físicos já deve ser um hábito agradável e saudável, resultante de um processo formativo...". E conclui: *"Nada impede que nas escolas superiores haja diversas modalidades de exercícios físicos. O que parece não caber mais é a obrigatoriedade da Educação Física...".* Não poderia ser mais claro o ponto de vista defendido pelo CFE.

---

127. Lino CASTELLANI FILHO, "O esporte e a nova república", *Corpo & Movimento* (47), pp. 7-10. Continuava eu dizendo, naquela ocasião, que "... a falácia de seu pressuposto básico (melhoria da qualidade de vida dos brasileiros), somada ao discurso da 'quantidade' com prejuízo da 'qualidade', conduzindo a uma prática mantenedora das desigualdades através das diferentes oportunidades, (vinha) sendo alvo de críticas por parte de estudiosos do assunto. Tais críticas traduzem a certeza do desvelamento da intenção intrínseca ao discurso e prática do EPT de mascarar a característica classista da estrutura social brasileira...".

Dois anos após esse parecer, a Lei n. 5.540 de 28 de novembro (Lei da Reforma Universitária) parecia concordar com tal pensamento, quando em seu artigo 40, letra "C", incitava as instituições de ensino superior a estimularem as atividades desportivas, vindo, por intermédio do Decreto-lei n. 464, de 11 de fevereiro de 1969, dizer ser através de orientação adequada e instalações especiais a maneira pela qual deveria se dar tal estímulo.

Entretanto, não demorou mais do que cinco meses para que a Educação Física – por força do Decreto-lei n. 705 de 25 de julho[128] – passasse a ter a sua obrigatoriedade estendida a todos os níveis e ramos de escolarização, contrariando, dessa maneira, tudo o que se configurava nos pronunciamentos do Conselho Federal de Educação, CFE.

Já tivemos a oportunidade de dizer – em várias outras ocasiões[129] – que, ao nos debruçarmos sobre a legislação escolar brasileira em geral e aquela relativa à Educação Física em particular, temos sempre presente a intenção de atentarmos para as "entrelinhas", ao fazermos a leitura das linhas: de percebermos o "espírito" da lei, ao nos defrontarmos com a sua letra e, finalmente, de compreendermos o contexto para, somente assim e então, darmos ao texto a interpretação devida. Assim sendo, fica-nos evidente que não é através desses ou de outros documentos legais, vistos e analisados em si mesmos, que vamos entender o porquê da obrigatoriedade preceituada. Em nenhum momento eles deixaram transparecer tal intenção. A explicação, então, a nosso ver, encontra-se em outra instância de entendimento.

Se é verdade que o movimento deflagrado em 1º de abril de 1964 encontrou apoio em amplos setores da classe dominante, também o é que encontrou, desde os primeiros momentos que se seguiram ao golpe, fortes resistências de diversos outros segmentos sociais brasileiros.

É sabido que os estudantes, notadamente os universitários, localizavam-se entre aqueles que opunham ferrenha resistência às intenções

---

128. Decreto-lei n. 705 de 25 de julho de 1969 – Altera a redação do artigo 22 da Lei n. 4.024/61, estendendo a obrigatoriedade da prática da Educação Física a todos os níveis e ramos de ensino.
129. Por exemplo, por ocasião da publicação do artigo "A (des)caracterização profissional-filosófica da educação física" já citado.

antidemocráticas dos que falavam em nome do Estado. A União Nacional dos Estudantes, *UNE*, extremamente combativa, incomodava por demais os dirigentes, fazendo com que, já em 1964, tivessem eles que lançar mão de mecanismos legais – ao lado da sempre presente e ativa repressão física – para tentar arrefecer o ânimo daquela entidade estudantil. Em 9 de novembro daquele ano, foi então promulgada a Lei n. 4.464, a Lei Suplicy – como então ficou conhecida, em "homenagem" ao seu idealizador, deputado Suplicy de Lacerda – que dispunha sobre os órgãos de representação dos estudantes e criava, para substituir a UNE, a figura do Diretório Nacional dos Estudantes.

Isso, porém, não alterou, substancialmente, a combatividade da UNE e sua legitimidade junto aos estudantes e à sociedade em seu conjunto, fazendo com que o governo promulgasse, em 14 de janeiro de 66, um outro documento legal, o Decreto n. 57.634, que suspendia, por 6 meses, a partir daquela data, as suas atividades. Mesmo assim, na clandestinidade a partir de então,[130] a UNE continuou presente nos debates acerca das questões nacionais, manifestando sempre a intenção de ver de volta, implementados, os planos políticos pré-64, como também presente esteve nas questões propriamente educacionais: como aquelas que diziam respeito à reforma universitária em gestação, colocando-se contrária aos convênios MEC-Usaid então ensaiados.

As retaliações sofridas por ela em 1966, somadas à incapacidade demonstrada de – após um momento de clímax do movimento, alcançado em setembro daquele ano e detectado, segundo Poerner, pelo chefe do Serviço Nacional de Informações, General Goubery do Couto e Silva –

---

130. Artur José POERNER, *Poder jovem*, p. 269. Em julho de 1966, a UNE organizou e realizou, em Belo Horizonte, MG, seu XXVIII Congresso, segundo seus dirigentes, legal, pois o prazo de suspensão de suas atividades, imposto pelo Decreto n. 57.634, já havia expirado. Não foi essa, contudo, a interpretação do secretário de Segurança de Minas Gerais, sr. Bias Fortes Filho, que o considerou ilegal "... em atendimento às instruções das autoridades federais, que já promoveram a extinção da UNE...". A esse respeito, ver também José Luis SANFELICE, *Movimento estudantil: A UNE na resistência ao golpe de 64*, p. 107.

"... promover um recuo organizado para acumulação de forças...",[131] fizeram com que sua presença, a nível nacional, ficasse abalada, guardando suas lutas, proporções mais regionalizadas daquela época até início de 1968, quando então teve sua força recrudescida por contingência de determinados fatos ligados à morte de um estudante.[132]

Nesse ano de 1968 e início de 1969, sofreu ela, malgrado sua revitalização, toda sorte de pressões, sendo praticamente aniquilada – afora a violência dos aparelhos repressivos – por força da promulgação do Ato Institucional n. 5, de 13 de dezembro de 1968, e dos Decretos-lei n. 464 e 477 de fevereiro de 1969.

Nesse cenário, coube à Educação Física o papel de, entrando no ensino superior, por conta do Decreto-lei n. 705/69, *colaborar, através de seu caráter lúdico-esportivo, com o esvaziamento de qualquer tentativa de rearticulação política do movimento estudantil*. Evidenciava-se, dessa forma, os traços alienados e alienantes absorvidos pela "personagem" vivida pela Educação Física.

Poerner, em obra citada, já havia feito menção, embora em outra circunstância, ao destino que – segundo ele – se almejava aos estudantes universitários, como também ao papel que caberia ao Esporte representar. Reportando-se à Lei Suplicy, ainda sob a forma de projeto de lei, aprovado pelo Congresso Nacional em 27 de outubro de 1964, por 126 votos contra 117, dizia ele: "... Calem-se para sempre". Eis a mensagem das autoridades de abril através da lei, aos jovens do seu país. Em troca, a juventude, silenciosa e bem comportada, ganharia alguns bombons: os Diretórios Acadêmicos seriam transformados em alegres centros recreativos ou, na melhor das hipóteses, em clubes esportivos, cujos atletas envergariam, com orgulho, camisas olímpicas com a inscrição 'University of Brazil' no peito...". E,

---

131. *Ibid.*, p. 279.
132. *Ibid.*, p. 295. Tratava-se da morte de Edson Luis de Lima Souto. "... Quando o corpo baixou à sepultura, as mais de 50 mil pessoas que lograram acesso ao interior da necrópole ouviram o solene juramento prestado por milhares de jovens: neste luto, começou a luta! Era o sinal de que a, até então, maior manifestação popular de protesto pós abril de 64 teria seqüência..."

continuando no tom sarcástico adotado, concluía: "... Talvez fosse até possível substituir o futebol pelo rúgbi...".[133] Em 1971, o Decreto n. 69.450, ao fazer alusão à forma de organização da Educação Física no ensino superior, apresenta-nos a figura dos ...clubes esportivos universitários.[134]

*Cena final*

Mas os passos dados pela Educação Física não eram isolados. Guardavam singular similitude com aqueles outros ensaiados pela Educação Moral e Cívica, numa demonstração inconteste de que a inclusão compulsória da Educação Física no ensino superior veio atender a uma ação engendrada pelos "arquitetos" da ordem política vigente, no sentido de aparar possíveis arestas no campo educacional – que pudessem vir a colocar em risco a consecução do projeto da sociedade em construção.

Assim, se a lei 5.540/68, como dissemos, referia-se à letra "C" do artigo 40, a Educação Física, à letra "D" do mesmo artigo, fazia referência à necessidade de as instituições de ensino superior estimularem "... as atividades que (visassem) à formação cívica, considerada indispensável à criação de uma consciência de direitos e deveres do cidadão e do profissional...". Se o Decreto-lei n. 705 de julho de 69 tornou a Educação Física obrigatória em todos os níveis e ramos de escolarização, coube ao Decreto-lei n. 869 de 12 de setembro daquele mesmo ano determinar medida idêntica com relação à Educação Moral e Cívica. Por sua vez, qualquer semelhança entre o disposto no artigo 32 do Decreto n. 68.065/71 – que criava a figura dos centros cívicos, que deveriam funcionar "... sob a assistência de um orientador, elemento docente designado pela direção do estabelecimento..." – com o previsto no parágrafo 1º do artigo 13 do Decreto n. 69.450/71 – que dizia ser

---

133. *Ibid.*, p. 232.
134. Decreto n. 69.450 de 1º de novembro de 1971 – Artigo 13: "A prática da Educação Física no ensino superior será realizada por meio de clubes universitários, criados segundo modalidades afins, na conformidade das instalações disponíveis, os quais se filiarão à Associação Atlética da respectiva Instituição".

incumbência dos clubes esportivos desenvolver "... atividades físicas supervisionadas pelos professores de Educação Física..." – não é mera coincidência! Colocavam-se ambas, pois, na direção de responder aos princípios de Desenvolvimento com Segurança, próprios à Doutrina da Segurança Nacional, a elas cabendo contribuir na formação de consciências dóceis, atributo necessário – associado à qualificação da mão de obra – ao capital, segundo expressão tomada de empréstimo a Antonio Carlos Bergo.[135]

Assim, a exclusão da Filosofia do rol das disciplinas obrigatórias dos currículos de 2º grau e a inclusão da Educação Moral e Cívica no 2º e 3º graus – neste último, com o nome de Organização Social e Política Brasileira, OSPB – paralelamente à da Educação Física – com seu repertório lúdico-esportivo associado às implicações decorrentes de sua presença na instituição escolar, entendida unicamente enquanto ATIVIDADE – não podem ser vistas como medidas díspares, como se tivessem sido tomadas aleatoriamente. Compõem, a nosso ver, um conjunto de medidas adotadas, que refletiam a opção – no melhor estilo Comteano – pela negação da Filosofia, enquanto teoricamente dotada de conteúdo potencialmente gerador de posturas constituídas de criticidade, optando por outras que estariam comprometidas em representar "... o papel ideológico de condução do poder pela elite...".[136]

---

135. Antonio Carlos BERGO, op. cit., p. 179. Cabia à Comissão Nacional de Moral e Civismo, composta de nove membros nomeados pelo Presidente da República, encarregar-se da implantação da disciplina de Educação Moral e Cívica, funcionando, no dizer de Bergo, "... como autoridade espiritual de controle da Doutrina..." (p. 180). A ela é que caberia "organizar e submeter à aprovação do Ministério de Educação e Cultura as instruções para exames de livros didáticos, do ponto de vista de moral e civismo, em cumprimento do disposto na letra 'E' do artigo 6º do Decreto-lei n. 869/69, e na Letra 'G' do artigo 10º deste regulamento" (Decreto n. 68.065/71).

136. Ibid., p. 191. Segundo a ESG, o papel da Filosofia diz respeito à "... especulação e à formulação de princípios universais, sem prejuízo da normatividade que lhe incumbe estabelecer, especialmente com vistas à consolidação de uma genuína sabedoria de vida..." (ESG, Manual básico, pp. 11-12).

*Desce o pano...*

... Ao "baixar o pano" sobre o palco onde encenou-se a peça na qual destacamos o papel – com suas variadas máscaras – representado pela Educação Física, cabe-nos, como aliás é praxe acontecer em todos os finais de espetáculos, num esforço da plateia de, ao resumi-los, melhor entendê-los, fazer alusão, ao seu término, às evidências do caráter reprodutivista da Educação Nacional. Nesse particular, excelente foi a atuação ou, em linguagem mais peculiar à nossa área, a *performance* da Educação Física.

Mas, para que não saiamos do "teatro" com a incômoda sensação de impotência motivada pela rudeza das cenas, que nos poderia levar a concluir, equivocadamente, pelo sentimento de frustração em relação à instituição escolar e à Educação Física em particular, necessário se faz resgatarmos os possíveis sinais de resistência esboçada por outras personagens desta peça que, por serem coadjuvantes, não mereceram destaque neste capítulo, não lhes sendo dada, portanto, a atenção devida. É o que passaremos a fazer, no próximo e último capítulo, intitulado "Pra onde caminha essa história".

# III
# PRA ONDE CAMINHA ESSA HISTÓRIA

*Uma vitória em cada página.*
*Quem cozinhava os banquetes da vitória?*
*Um grande Homem a cada dez anos.*
*Quem pagava suas despesas?*
*Tantos relatos.*
*Tantas perguntas...*
Bertolt Brecht, *Perguntas de um trabalhador que lê*

No desenrolar dos procedimentos obedecidos com vistas à elaboração deste trabalho, na ânsia de identificar e aglutinar as peças necessárias à montagem do nosso quebra-cabeça, nos vimos frente à necessidade de – ao depararmo-nos com indícios da existência de fatos que, empoeirados, estariam fadados a mofarem em algumas prateleiras esquecidas da história, se alguém não se predispusesse a livrá-los da poeira que os cobriam – conversarmos com alguns dos "atores coadjuvantes" do espetáculo encenado pela Educação Física no palco social brasileiro.

Assim foi que, tendo sido chamada nossa atenção por uma publicação datada de 1955, denominada *A profissão de professor de educação física: Suas implicações culturais*, que tratava de um tema ainda hoje em evidência no âmbito da Educação Física brasileira, utilizando-se para tanto de categorias de análise identificadas com o Instituto Superior de Estudos Brasileiros –

Iseb –,[1] sentimos a necessidade de estabelecer contato com o seu autor, professor Alberto La Torre de Faria. Membro do corpo docente que deu origem à Escola Nacional de Educação Física da Universidade do Brasil e presença marcante na sua história, único professor de Educação Física a ser atingido pelo Ato Institucional n. 5/68, acalentando em seus 78 anos de idade, à época da entrevista, o sonho de criar, no Rio de Janeiro, um "Instituto Marx-Engels de estudos e pesquisas" para, segundo suas palavras, "... levar a mocidade brasileira a entender a obra desse gigante (Marx), o maior pensador do século XIX, ainda não superado no século XX...", reporta-se ele, em seu depoimento, àqueles "velhos tempos", deixando transparecer, em sua fala, resquícios de como aquele professor de boxe viveu e entendeu aqueles momentos históricos.

Foi ainda por conta desse nosso mergulho nos acontecimentos do passado, que chegamos até o professor Vinicius Ruas Ferreira da Silva que, em sua época de estudante, presidiu o Centro Acadêmico de Educação Física da Escola Nacional de Educação Física, no período em que se deu o movimento grevista – de natureza estudantil – de maior duração e repercussão na história da Educação Física brasileira. Àquela mesma época, anos de 1956/7, foi ele também o presidente da *União Nacional de Estudantes de Educação Física*, de vida curta mas, nem por isso, menos significativa. Posteriormente, já na condição de professor da escola por onde se licenciara, foi atingido pelo Ato Institucional n. 2 de 1964, por conta do qual foi destituído do cargo de diretor da *Divisão de Recreação Operária* do Ministério do Trabalho, cargo esse que passara a ocupar por ocasião do governo Jango. Atualmente, em seus 64 anos, encontra-se em plena atividade no curso de Educação Física da Universidade Federal do Rio de Janeiro, para onde retornou em 1970, depois que a consultoria jurídica da UFRJ, a

---

1. Nos referimos às categorias "consciência intransitiva, transitiva, ingênua e crítica, desenvolvidas à época do Iseb por Alvaro Vieira Pinto e, posteriormente, por Paulo Freire em seu *Educação como prática da liberdade*. Em 1984, o professor João Paulo Subirá Medina publicou um livro denominado *A educação física cuida do corpo... e "mente"*, no qual lança mão daquelas categorias de análise. Medina, porém, chegou até elas "via" Paulo Freire, tendo tomado conhecimento da obra do professor La Torre de Faria por nosso intermédio.

pedido do então reitor Pedro Calmon, analisou sua situação e deu parecer favorável à sua reincorporação. No entanto, não nos fica difícil perceber, que aqueles anos de repressão calaram fundo em sua vida, deixando transparecer sequelas daqueles tempos, como feridas não totalmente cicatrizadas, como que se não houvessem passados, para ele, todos esses anos, desde aqueles tempos até os dias de hoje.

Entramos em contato, também, com os já afastados da atividade docente, professores Waldemar Areno e Maria Lenk. O primeiro, médico, vice-diretor da primeira diretoria civil daquela escola, já teve momentos de seu depoimento citados neste trabalho. A professora, única mulher a fazer parte do Conselho Nacional de Desportos que se seguiram ao Movimento de 64, "... pessoa totalmente neutra no assunto político...", conforme suas próprias palavras, famosa pelos seus feitos na natação e criticada por colegas por sua questionável neutralidade política, foi recentemente agraciada pelo governo da Nova República, com a *Insígnia da Ordem Nacional de Mérito Educativo*.[2] Os acima mencionados – com exceção do professor Vinicius Ruas – compuseram o corpo docente responsável pela formação das primeiras turmas de professores da Escola Nacional de Educação Física, importante por ser a primeira, de natureza civil, a existir na então capital do país, Rio de Janeiro.

A possibilidade de vir a dialogar com os "pioneiros" da Escola Nacional de Educação Física da Universidade do Brasil fez com que se avivasse em nós a disposição de contatar os "pioneiros" da Escola de Educação Física da Universidade de São Paulo, fundada oficialmente em 1934 – antes, portanto, da fundação da carioca, ocorrida em 1939, a qual tem a sua importância relacionada à influência por ela exercida na estruturação da maioria dos cursos superiores de Educação Física que, a partir do final dos anos 1960, início dos 70, grassaram intempestivamente no meio universitário. Assim, estabelecemos contato com os professores Jarbas Gonçalves, Moacir Daiuto e Mário Nunes de Sousa, todos com presença reconhecidamente marcante na história da Educação Física da USP, como também na própria

---

2. A professora Maria Lenk recebeu tal honraria, em solenidade realizada no dia 9 de junho de 1987, no MEC.

história da Educação Física paulista. O professor Jarbas Gonçalves era, na época da entrevista, vice-diretor da escola, tendo sido seu diretor na gestão anterior. Até a data de publicação da primeira edição deste livro, continuava desenvolvendo seu trabalho naquela casa. O professor Moacir Daiuto, embora aposentado compulsoriamente pela USP, encontrava-se envolvido com a coordenação do curso de pós-graduação em Educação Física, a nível de mestrado, da Unaerp, instituição de ensino superior, de natureza privada, localizada em Ribeirão Preto, SP. O professor Mário Nunes, já falecido, foi o primeiro coordenador do mestrado em Educação Física da USP, iniciado em 1977, primeiro dos seis hoje existentes.[3] No período de 1952 a 1954, exerceu a presidência da *Confederação Sul-Americana de Associações de Professores de Educação Física*, entidade desconhecida entre aqueles que, nos dias de hoje, atuam na área.

Após muito pensar a respeito da forma de dar tratamento às opiniões por eles emitidas em seus depoimentos, concluímos por reproduzi-las sem chamarmos para nós a incumbência de darmos às suas falas a interpretação devida, creditando tal tarefa aos leitores. As entrevistas – feitas no primeiro semestre de 1986, todas elas gravadas em fitas e posteriormente transcritas – foram feitas num tom bastante informal, amistoso. Assim, decidimos por preservar essa característica, por entendê-la bastante enriquecedora. Nelas buscamos – na medida do possível – orientar as falas para assuntos que viessem a explicar a posição dos entrevistados face aos fatos evidenciados no capítulo anterior.

---

3. O primeiro mestrado em Educação Física, no Brasil, foi criado em 1977, na Universidade de São Paulo, USP. A seguir vieram os da Universidade Federal de Santa Maria, Universidade Federal do Rio de Janeiro, Universidade Gama Filho, Unaerp e, em 1987, o da Unicamp.

## OS DEPOIMENTOS

*Professor La Torre de Faria... A respeito de sua origem e da origem de seu interesse pela educação física...*

"... Meu nome é Alberto La Torre de Faria. Nasci no Estado da Bahia, na cidade de Cachoeira, numa plantação de fumo. Meu pai era fumageiro, mas fumageiro que não trabalhava, pois era o dono da terra. Plantava o fumo e o vendia aos alemães. Na minha cidade só tinha o curso primário. Assim, quando cheguei à idade de 10 anos, tive que sair de Cachoeira. Fui então pra Salvador, onde cursei o ginásio, transferindo-me depois pro Rio de Janeiro.

Me interessei pela Educação Física por uma razão de saúde. Como todo bom baiano, eu tive impaludismo. Sofri desse mal dos 12 aos 16 anos, porque para o impaludismo não tinha, como até hoje não tem, um remédio específico. Tinha remédios que tratavam mais dos sintomas do que a causa. Me empanturrei de quinino. Então tinha aquela sistemática, que me enfraquecia muito.

Saí da Bahia para o Rio de Janeiro, junto com minha família, por questões políticas. O presidente Bernardes interveio na Bahia depondo o governador, um grande brasileiro, José Joaquim Seabra. Minha família o apoiava e por causa disso foi perseguida.

Quando cheguei ao Rio de Janeiro, eu era um rapaz débil, 16 para 17 anos. Tinha uma altura razoável, 1,71m, aproximadamente, mas era muito magro, principalmente o pescoço, muito fino. Eu procurei, então, um meio de melhorar o meu físico, que não estava de acordo com o dos rapazes daquela época, no Rio. Procurei, então, uma academia de ginástica. Havia a do professor Ernesto Campelo. Ele era um cidadão muito forte, tinha os bigodes retorcidos, era professor do Colégio Militar e nas horas vagas dava aula de Educação Física na rua das Marrecas, hoje rua Juan Pablo Duarte, em frente ao passeio público. Ele era chamado de 'o avô das Marrecas'. Eu fui lá. A ginástica dele era mais baseada em halteres, subir corda, barra fixa, paralela... Era uma ginástica mais de força, levantamento de peso. Mas eu, com meu físico pobre, tinha pouco futuro ali. Tive até dificuldade de arranjar uns halteres pra mim. A grande dificuldade foi achar um de meio quilo, porque não se encontrava no comércio. Depois de um certo tempo, o professor Ernesto me arranjou um de meio quilo, pois com o de um quilo eu não conseguia acompanhar a turma. Num terço da lição, eu já pedia pra parar. Eu também tinha muita dificuldade em pular corda. Assim mesmo, com todas as deficiências metodológicas da época, obtive resultados. Fui melhorando o físico. Dormia melhor. Fui aumentando de peso. Mesmo assim, eu via que precisava de mais alguma coisa. Já que eu era débil fisicamente – eu pesava em torno de 54 quilos – tinha que fazer alguma coisa. Por sorte minha, caiu nas minhas mãos um livro escrito por um francês que era *manager* de um grande lutador francês, que disputou o título de campeão mundial e perdeu no quarto *round*. Eu tive a felicidade de visitar esse homem em 1948, em Paris. Ele ficou sendo meu ídolo. Então, quando terminava a aula do professor Campelo, eu ia pra frente do espelho e ficava fazendo os movimentos do boxe. E aí me apaixonei pelo boxe. Havia, no Rio de Janeiro, um clube de boxe que se chamava 'São Januário Boxing Club'. Todos os clubes tinham esse nome, 'boxing club', nome inglês mesmo. Então, quando já fazia a caricatura das posições, pulava corda, fazia as esquivas, fui para aquele clube de boxe, e de lá comecei a praticar o boxe amador, como peso pena. Nosso ídolo era o Rodrigues Alves, campeão brasileiro de peso leve, um homem que aprendeu a jogar boxe em Marselha. Ele era dessa família Rodrigues Alves, que deu até um presidente da república. Ele era um homem muito fraco fisicamente, mas era invencível, tal a sua técnica. E eu o copiava. A bem da verdade, era um "papel-carbono" do Rodrigues Alves e cheguei a ter alguns resultados. Apesar de fraco, eu me defendia no boxe amador. Mas o boxe era muito malvisto. *Boxeur*, no Brasil, era sinônimo de vagabundo. Só havia uma categoria que era mais desprezada: era a capoeira. Esse era caso de cadeia. Sempre diziam que capoeira era sinônimo de moleque, assaltante, era o fim. Depois da capoeira, vinha o boxe. Bem... aí meu físico se desenvolveu. Fiz algumas lutas como peso pena, como peso leve. Depois, à medida que meu físico se desenvolvia, cheguei a meio-médio. Mas aí me dei mal, porque eu tinha os braços curtos e, mesmo nos treinos, eu me machucava muito. Então resolvi cortar minha carreira de boxear e passei a fazer luta-livre. Mas era uma luta-livre brasileira, não era a luta-livre que se fazia nas Olimpíadas. Ela se definia, chegava ao fim, por desistência ou perda de sentidos. Era igual ao jiu-jítsu sem quimono. Eram a gravata, a chave de pé, a chave de braço, os golpes que decidiam a luta. Então eu senti necessidade de completar os meus conhecimentos de luta-livre com aulas de jiu-jítsu. Já naquela época, havia por aqui um japonês muito famoso, que me ensinou tudo o que eu aprendi de jiu-jítsu, na época. Acabei lutando com ele na inauguração da seção de ataque e defesa do Clube de Regatas Flamengo. A luta terminou empatada, desconfio que por vontade dele.

Esse foi o meu interesse pela Educação Física, em particular, por aquilo que se chamava, na época, de Esportes de Ataque e Defesa..."

A respeito da educação física no Rio de Janeiro... E a Escola Nacional de Educação Física...

"... A Educação Física sempre existiu no Rio de Janeiro. Onde eu morava, existiam muitos centros onde se praticava a Educação Física, sob a orientação de professores que não tinham o curso, pois não existia na época. Não era difícil você encontrar um local pra praticá-la. Naquele tempo não se usava esse nome, mas sim ginástica. Era o nome mais usual, principalmente no Exército. Aliás, deve-se ao Exército Nacional – é uma coisa que ninguém me tira – o papel de precursor da Educação Física metodológica. Não só face à necessidade de preparo do soldado, pois o soldado brasileiro se apresentava na caserna muito fraco, como hoje, porque vem do povo, come mal, dorme mal, vem com doenças, parasitas. Então, era necessário fortalecer esse soldado, senão era impossível fazer a preparação militar. Mesmo porque o fuzil, naquela época, era pesado, além do que o soldado usava mochila e tinha que marchar com ela às costas. Aliás, era interessante notar como os oficiais da infantaria se interessavam mais pela Educação Física do que os outros oficiais das outras Armas, pela própria natureza da infantaria, que tinha marcha de 4, 8, 12, 16, 20 e 24 quilômetros. E essa marcha era feita acrescentando-se, gradativamente, peso à mochila. Então precisava robustez. E a Educação Física se propagou. Eu quero render homenagens a cinco homens que prestaram grandes serviços à Educação Física: o major João Barbosa Leite; o capitão Jair Dantas Ribeiro, que chegou a ser ministro da guerra do governo João Goulart; o então primeiro-tenente Inácio de Freitas

Rolim; um médico, dr. Gomes Ferreira, que morreu também como general e que se dedicou ao estudo da fisiologia da Educação Física, na época pouco conhecida; e o major do Exército francês, comandante (naquele tempo não existia o termo 'major' no Exército francês, era 'comandante') Pierre Seguir, o verdadeiro instrutor de todos nós.

Bem... nós estamos em 1928. Quando se funda o *Centro Provisório da Educação Física*, na antiga Escola de Sargentos de Infantaria da Vila Militar, sob a orientação técnica do então primeiro-tenente Inácio de Freitas Rolim. Nesse centro se matriculam professores, mandados pelo grande educador professor Fernando de Azevedo. Aí se forma a primeira turma de professores. Penso que a maioria, infelizmente, está morta. Eu tive ocasião de trabalhar, de ajudar nesse Centro Provisório, dados os meus conhecimentos de luta, de ataque e defesa, um pouco de boxe, um pouco de luta-livre e rudimentos do então jiu-jítsu, hoje judô. Esse curso durou um ano letivo, oito meses, se não me falha a memória. Os professores ali formados foram então espalhados pela rede escolar, principalmente para a Escola Normal, que funcionava na rua Martins de Barros – um grande estabelecimento, de grande valor na época – e para outras escolas da rede do Distrito Federal.

O Exército tomou gosto por essa tarefa e esse Centro Provisório foi transformado em Centro Militar de Educação Física, sob o comando do general Newton de Andrade Cavalcante, que foi chefe da Casa Militar do governo do presidente Eurico Gaspar Dutra. Era um homem de formação direitista, mas de uma enorme paixão pela Educação Física. Era um homem curioso. Enquanto esportista, tinha uma grande sensibilidade. Gostava de conversar sobre Educação Física, sobre esportes, tinha 'mil' livros importados que emprestava... Já na política era um homem de direita, muito rigoroso. Foi o executor do Estado Novo, um anticomunista ferrenho, mas gostava dos desportistas e dos ginastas. A esse homem eu devo um grande favor. Graças a ele, o Brasil se fez representar, no ano de 1950, no I Congresso Sul-Americano de Educação Física, em Montevidéu. Esse homem colocou à minha disposição – pois fui eu que organizei a delegação brasileira – um avião militar, além de financiar a viagem com recursos fornecidos pela Casa Militar. Não fosse por isso, nós não estaríamos representados no congresso. O professor Inezil também fez parte da delegação brasileira, mas por conta do Ministério da Educação. Esse Congresso foi importante porque dele participaram, inclusive, professores da Europa. E dele só pudemos participar por causa do general Newton de Andrade Cavalcante. Por isso eu presto essa homenagem a ele, embora eu discorde integralmente das suas ideias políticas. Ele sabia que eu era um homem de tendências de esquerda, no entanto ele me olhava como desportista, como amigo, me recebia na casa dele. A verdade tem que ser dita. Então ele foi o comandante do Centro Militar de Educação Física, que mais tarde veio a se transformar na Escola de Educação Física do Exército, na qual eu trabalhei por sete anos. Saí de lá para ser instrutor de ginástica e esgrima na Escola Militar. Isso em 1937. A Escola de Educação Física do Exército, inteligentemente, agasalhava civis. Vários civis e vários oficiais da polícia iam fazer o curso lá. Civis de todos os estados brasileiros... Tinha o curso de Educação Física e também o de Medicina Especializada em Educação Física.

Por sua vez, a Escola Militar deu um grande impulso à Educação Física. Tinha um Departamento de Educação Física modelar, quando eu ali trabalhei. Isso nos anos de 1937, 1938 e 1939. Em 1939 eu saí e fui pra Escola do Exército.

Naquela mesma época, é criada, no Ministério de Educação e Saúde, a Divisão de Educação Física. Essa divisão, criada pelo ministro Capanema, sendo presidente do país o dr. Getúlio Vargas, prestou grandes serviços à Educação Física. Inclusive, ela é a matriz da Escola Nacional de Educação Física.

A Escola Nacional de Educação Física e Desporto nasce, eu poderia resumir, por pressão de três forças: em primeiro lugar, pela necessidade premente da época, com vários cursos particulares querendo virar curso de Educação Física; destacando-se nesse particular, inclusive, a presença da Associação Cristã de Moços, ACM, que tinha uma grande seção de Educação Física, responsável pela divulgação da ginástica calistênica e de práticas esportivas, voleibol, basquetebol, judô... Em segundo lugar, pela pressão da Divisão de Educação Física. O major Barbosa Leite tinha em mente que era imprescindível a criação de uma Escola de Educação Física padrão, embora, no seu conceito, devesse ela ser vinculada à Divisão de Educação Física e não à Universidade. E uma terceira força, da qual era líder o major Inácio de Freitas Rolim, que tinha sido tenente no Centro

Provisório de Educação Física. Com grande prestígio nos meios militares da época, porque ele era um ardoroso fã do Estado Novo, o major deixou-se envolver por um grupo de pessoas que ambicionavam a Escola na Universidade, pois não tinham interesse em serem professores de uma escolinha vinculada a uma Divisão. Pelo contrário, ambicionavam a cátedra universitária. Inclusive, também eu desejava a Escola vinculada à Universidade, pois naquela época um professor universitário ganhava muito bem. Basta dizer que eu, na Escola Militar, ganhava cerca de 'um conto e quinhentos', como se dizia, pois passei a ganhar na Escola Nacional de Educação Física 'oito contos e quatrocentos', multipliquei o meu vencimento praticamente por sete. Pra mim foi uma beleza. Felizmente o ministro Capanema foi sensível a essa última tese, e apesar de certa resistência na Universidade – não podia haver um professor catedrático de calção dentro da Universidade, o calção, em 1939, não se usava nem nas praias, andar de calção era uma coisa que não recomendava bem – a Escola acaba, no ano de 1939, sendo criada pelo Decreto-lei n. 1.212, vinculada à Universidade do Brasil, na época, padrão de todas as universidades do país. Essa foi a grande vitória..."

Quanto à relação da educação física com o Estado Novo...

"... O Estado Novo era muito complexo. Eu que sou mais interessado em assuntos políticos (...) cheguei à conclusão de que o país, entregue ao capitalismo selvagem, não tem o menor futuro. É preciso que o governo seja realmente um governo popular, um governo oriundo do povo pra servir o povo. Mas o Estado Novo foi um regime que eu chamaria de 'protofascista', um regime autoritário, violentamente repressivo, que tinha também as suas contradições. Tinha um ministro da Educação como Gustavo Capanema – sem desmerecer os que o sucederam, até hoje não vi melhor –, um intelectual completo. Não um intelectual esnobe, que acha que intelectual é ter pescoço fino, ter tosse e viver como traça nos livros. Era um homem de grande visão artística, visão cultural no sentido mais completo da palavra. Foi ele quem chamou Portinari – um comunista militante – pra fazer os murais do Palácio da Cultura. E tinha um Carlos Drummond de Andrade no gabinete, quer dizer, era um homem de visão, um intelectual no sentido em que a palavra deve ser bem-vista (...) E o dr. Getúlio era também um intelectual. Quem conhece a sua história sabe que ele era um homem que lia autores franceses no original. Na política, ele tinha posições de força, mas era um intelectual, de maneira que ele compreendia o seu ministro de Educação, ao mesmo tempo em que, através de seu ministro da Guerra e seus chefes de polícia – me lembro da figura tenebrosa do capitão Felinto Muller –, se praticavam os maiores desmandos, espancamentos, torturas. Criou, inclusive, a Polícia Especial, que descia a borracha no povo e que contava com muitos professores de Educação Física, professor Inezil Penna Marinho, professor Colombo, professor Evaldo Gonçalves, professor Vitor Macedo Soares, foram todos da Polícia Especial.

... Se existia naquela época, por parte desses professores, consciência de que a Educação Física estava sendo utilizada como instrumento de força, de auxílio a um Estado forte, repressivo? Não. Não havia essa concepção, porque o esporte no Brasil, até há bem pouco tempo, era um grande fator de alienação política (...) naqueles tempos, a alienação política era muito grande, o esporte absorvia a totalidade da vida da pessoa. Dificilmente se encontrava um desportista de valor que fosse ligado à política. Eu quero contar um caso interessante. A professora Maria Lenk, que era professora assistente da Cadeira de História e Organização da Educação Física, consegue, fazendo uma visita ao presidente Vargas, o desdobramento da Cadeira de Natação em masculina e feminina, por causa do seu desempenho na natação. Ela pediu diretamente ao presidente e ele deu instruções para que se fizesse o desdobramento, fato que a escola recebeu com muito agrado, porque era mais uma Cadeira... Então, a Educação Física era muito prestigiada, não só pelo dr. Getúlio como também pelo ministro Capanema...

O que eles queriam da Educação Física? Por que desse seu prestígio? Olha, é difícil você penetrar nas intenções dos Homens. No que concerne ao dr. Capanema, ao major Barbosa Leite, as intenções eram as melhores possíveis. Eu que fui o primeiro titular da Cadeira de Esportes de Ataque e Defesa nunca recebi a menor restrição contra os programas que fiz e as aulas que dei. Até pelo contrário. Fui convidado para dar aulas de ginástica e ataque e defesa à guarda pessoal dr. Getúlio. Essas aulas eram dadas no jardim posterior do Palácio Guanabara – que era a residência do dr. Getúlio – e ele, prazerosamente, as assistia. Aquela capangada toda a correr, saltar, a fazer movimentos de ginástica inteiramente desencontrados, mas tentando fazer alguma coisa, mesmo porque o chefe estava lá assistindo, fumando charuto..."

## Quanto à greve ocorrida na Escola Nacional de Educação Física

"... Pois é... depusemos o diretor da Escola. Isso deve-se ao professor Vinicius Ruas, que era, na época, presidente do Diretório Acadêmico. O diretor da Escola, por uma dessas manipulações políticas, era uma pessoa ilustre, mas não tinha nada a ver com a Educação Física. Chamava-se Peregrino Júnior. Era membro da Academia Brasileira de Letras, médico e, por possuir bastante prestígio no meio universitário, conseguiu se fazer diretor da Escola, o primeiro diretor a não ter curso de Educação Física. Não digo que tenha sido um mau diretor, mas era um homem estranho ao meio da Educação Física e que não tinha muito apreço por ela. Isso trouxe um certo descontentamento entre os estudantes. Os estudantes postulavam certas coisas e não tinham um atendimento adequado. Isso os levou a assumirem posições que estabeleceram o confronto. Os estudantes, então, declararam-se em greve. Eu, examinando as suas reivindicações, achei-as justas e tomei posição a favor deles. Até fiquei numa posição incômoda, porque éramos 18 professores e somente eu assumi abertamente minha posição, embora houvesse professores que simpatizassem com a postura dos estudantes.

Minhas convicções políticas, então, me antagonizaram com a direção do professor Pelegrino e eram simpáticas aos estudantes, que já começavam a se interessar por política, inclusive pela política Estudantil, passando a atuar na própria UNE. Criaram, inclusive, naquela época, a União Nacional dos Estudantes de Educação Física. Os estudantes de Educação Física tomaram um grande impulso depois dessa greve, liderada pelo Vinicius e por uma sobrinha minha, também aluna. A greve durou seis meses, só terminando quando o professor Pelegrino, numa atitude elegante, vendo que os estudantes se mantinham firmes, pediu aposentadoria. A greve repercutiu nacionalmente, tendo sido prestigiada pela UNE e contando, também, com o apoio do Diretório Central dos Estudantes da Universidade do Brasil. Eu, na condição de professor, me limitei a dar cobertura. Inclusive, na Congregação, veiculava toda documentação que me chegava às mãos, o que me causava um grande constrangimento, porque minhas relações pessoais com o dr. Pelegrino eram de cortesia. Eu tinha passado o cargo a ele, não tinha nenhuma queixa pessoal dele. Apenas entendia que os estudantes estavam com a razão. Meus colegas viam de maneira diferente, tanto que eu era uma voz isolada..."

Com relação à educação física na escola e à educação moral e cívica...

"... A Educação Moral e Cívica, se fosse bem dada, como filosofia moral, teria importância. Se ela não fosse apologista dos Homens do poder e sim uma preparação ética, moral, um estudo honesto dos heróis brasileiros, homens como Tiradentes, Frei Caneca e outros, que sonharam com este país livre, independente, seria perfeitamente cabível. Agora, o mal é que se criou uma comissão de moral e civismo composta com uns quadradões, que transformaram a Cadeira numa apologia dos governantes do momento e numa forma de justificar o golpe militar de 1964. O erro não está em haver uma Cadeira de Educação Moral e Cívica, porque sem moral e civismo não se constrói uma nação. Eu mesmo ensinei, pra ganhar a vida, Moral e Cívica no Colégio Franco-Brasileiro, mas nunca dei o programa que a tal comissão mandava que desse. Era elogio dos chefes do Estado, generais; eu não dava isso. Eu dava Filosofia da Moral, dava Ética, e fazia uma investida sobre os grandes nomes da História do Brasil, inclusive os precursores da independência (...) preparava o estudante pra ter consciência de que ele era partícipe da vida nacional, de que trazia uma aragem nova à política, que à medida que os políticos envelheciam, infelizmente iam ficando um pouco empedernidos, daí a necessidade de uma força nova, uma força jovem. Essa força teria que ser a mocidade acadêmica, preparada já a partir do 2º grau. Porque se ela entrasse cega na universidade, dificilmente abriria os olhos. Então, a partir do 2º grau, o estudante já deveria tomar contato com os problemas do seu país. De maneira que eu me felicito por ter dado essa Cadeira no Colégio Franco-Brasileiro. Eu até vou lhe dar de presente uma apostila que achei aí, onde trato da axiologia, ou seja, da teoria dos valores. É preciso que os estudantes encarem os valores. Havia na época quem dizia 'estudante é pra estudar, operário é pra trabalhar...'. Claro, estudante é pra estudar o que ele precisa estudar e não o que lhe querem empurrar pela garganta abaixo.

Bem... a aula de Educação Física tinha certas características militares. As formaturas, as evoluções... Mas isso, longe de ser um mal, naquele momento era um bem, porque os espaços eram restritos e o professor tinha mais comando sobre a turma. Agora, estava muito na preparação do professor. Um professor de mentalidade aberta até poderia servir dessa disciplina no sentido de colocar certos valores, por exemplo, a disciplina do trabalho, o respeito à lei – à lei originária de fonte legítima, que emane do consenso popular, não o decreto-lei da ditadura. Agora, ela tinha um aspecto, era muito carregada de 'ordem unida'. Porque isso facilitava o trabalho do professor. Já uma Educação Física mais liberal, mais aberta, solicitava um trabalho maior do professor, o que às vezes se tornava incompatível, dado o número grande de aulas dadas pelo professor. Por exemplo, no Colégio Franco-Brasileiro eu dava 42 aulas semanais. Até hoje, alguns professores têm três cargos, aqui no Rio de Janeiro. Duas matrículas no estado e uma no município, ou duas no município e uma no estado. Outros são professores no estado e nos clubes. Não há quem aguente uma carga de trabalho tão grande..."

O episódio do AI-5...

"... Ah! Esse episódio foi muito interessante! Eu estava em Itu, SP. Quando o Iseb fechou, eu fui transferido para o Ministério da Educação e aproveitado na Divisão de Ensino Superior, onde realizava inspeções e fiscalizações nas universidades. Minha presença em Itu tinha a ver com a intenção de se fundar, naquela cidade, uma Faculdade de Direito. O diretor da faculdade era um ex-deputado federal, casado com a filha do Plínio Salgado. Loureiro Junior era o seu nome. Um homem extremamente simpático. Mas era integralista. Basta dizer que ele esteve na cadeia porque foi um dos chefes do golpe integralista contra o presidente Vargas. Pois bem... ele estava tentando organizar a Faculdade de Direito de Itu, cidade tradicional, berço do Partido Republicano do Brasil. Eu, então, fui designado para fazer a inspeção. Já tinha acabado de realizar o meu trabalho – já havia, inclusive, mandado o relatório para o Rio – e tinha aceitado um convite do professor Loureiro Junior para jantar. Nós estávamos, então, tomando uns aperitivos e aguardando o início da 'Hora do Brasil' – no interior tinha-se o hábito de ouvi-la. À certa altura, ouvimos referências ao AI-5: '... foram incursos no Ato Institucional n. 5 os senhores Alberto La Torre de Faria...'. Foi um espanto, inclusive para mim. Eu, delegado do Ministério da Educação, organizando uma Faculdade de Direito em Itu e sendo cassado em Brasília! E dizia mais... relacionava uma série de pessoas eminentíssimas. Eu era fichinha. O professor Loureiro Junior, muito espirituoso, disse assim: '... Eu não sabia que o senhor era um homem tão importante, o primeiro da lista...'. Lembro-me de ter-lhe dito não ser pela importância, mas sim pelo fato de meu nome iniciar-se pela letra 'A'. Aí todo mundo caiu na gargalhada. Nós fomos jantar, naturalmente, eu, preocupado. Depois, voltei pro Rio de Janeiro, limpei a gaveta e me retirei. Era o que eu tinha pra fazer, ir pra casa, cuidar da vida, tratar de arranjar emprego... Acabei ficando aqui mesmo pelo Brasil. Recebi pressões, mas não tenho queixas do Exército, sabe. Inclusive, o Exército foi muito mais liberal comigo do que o meio civil. Eu sou oficial da reserva, nunca me tiraram os documentos militares. Não, não tenho queixas a fazer do Exército. O que é verdade eu tenho que dizer.

Aquele período desbaratou a vida de todo mundo. Eu acho que foi um golpe, um período de autoritarismo... Eu mesmo tive minha casa vasculhada várias vezes pela polícia. Tive minha biblioteca saqueada. Eu tenho hoje cerca de 2.500 livros. Tinha muito mais. Inclusive uma obra que me foi presenteada pelo ministro da Educação de Cuba, as obras completas de José Marti, desapareceu. A minha casa era sempre importunada. Mas o Exército sempre me tratou com muito respeito. Inclusive, houve uma gafe do Conselho de Segurança Nacional, que me indiciou num inquérito como dirigente do Partido Comunista do Brasil. Eu nunca pertenci a esse partido. Eu me apresentei ao general, naquele tempo coronel Fernando de Carvalho, e ele achou estranho. Ele havia convocado pelo jornal, em edital, os dirigentes daquele partido e somente eu apareci. Aí ele me perguntou se eu estava me apresentando. Perguntou também dos meus colegas. Disse-lhe, então, que estava me apresentando porque não era do Partido. Dos outros, disse não saber nada, se eram ou não. '... O senhor não é vermelho?', perguntou ele.

'... Não, eu sou cor-de-rosa. Sou Trabalhista', respondi. Na época eu era Trabalhista. Eu me fiz Socialista depois.

... Da Universidade fui aposentado antes do AI-5, pelo Muniz Aragão. Mesmo assim fui convidado para dar algumas aulas, até que surgiu um fato lastimável. Foi assim: o dr. Waldemar Areno me convidou pra continuar a dar aula, apesar de já estar aposentado. Aulas sobre Esporte. E eu não ganhava um tostão. Só me davam trabalho, mas eu as dava pelo meu amor à casa onde estive tantos anos e que ajudei a fundar. Um belo dia, eu vou entrando e notei o porteiro, Riolando, uma pessoa muito simpática, meio constrangido. Eu fui para sala de aula. Entrei. Os médicos – era um curso de medicina esportiva – estavam lá, sentados. Antes mesmo que eu começasse a aula, entrou na sala . um funcionário e me disse: '... Professor, o senhor está proibido de dar aula na escola. A dona Maria Lenk já se entendeu com a universidade e não quer que o senhor dê aula aqui, porque o senhor é subversivo'. Me dirigi, então, aos médicos, explicando-lhes que a aula havia sido suspensa. E fui pra casa..."

Os caminhos da educação física, hoje...

"... Olha, eu não estou a par da prática dos professores modernos, por isso tenho mais fé nos estudantes. Eu só lastimo estar muito velho. Quisera estar mais moço e quisera estar na Escola de Educação Física com o nível de consciência que tenho hoje. Meu sonho hoje, de velho, é, antes de morrer, criar um Instituto Marx-Engels. Eu estou lutando pra concretizá-lo, para levar a mocidade brasileira a entender a obra desses gigantes, de Marx, o maior pensador do século XIX, ainda não superado em nosso século..."

*Professor Vinicius Ruas Ferreira da Silva. Sua origem. O movimento estudantil no interior da educação física em sua época de estudante...*

"... Eu sou amazonense. Devo ao professor Deodoro de Alcantara Filho, formado na Bélgica, minha aproximação com a Educação Física. Foi ele que, por volta de 1946-48, construiu um velódromo em Manaus. Esse velódromo tinha, em sua área interna, dependências para a prática do judô. Luta-livre, enfim, uma série enorme de lutas. Pude assim praticá-las todas. Fui, inclusive, vencedor de várias provas ciclísticas realizadas naquela época, em Manaus. Anos depois, em 1953, fui ao Rio de Janeiro, onde visitei a Escola Nacional de Educação Física. Engraçado era que eu não tinha, até então, nenhuma relação mais forte com a Educação Física, a não ser o fato de ser um esportista. Eu fiz Direito até o 3º ano, em Manaus. Fiquei então sabendo da existência de bolsas de estudos que eram oferecidas pela Escola de Educação Física a outros estados. Resolvi concorrer a uma delas quando, em 1954, a Escola Nacional de Educação Física destinou três bolsas para o estado do Amazonas. Fiz o concurso seletivo para uma delas e passei em 1º lugar. As provas eram divididas em 'físicas' (corrida de 100 e 800 metros, salto em distância, salto em altura, subida na corda...), que tinham função de sentir se realmente o candidato possuía uma aptidão para Educação Física, e 'intelectuais', que consistiam em uma prova de português versando sobre um tema da História do Brasil, uma prova de Biologia e uma prova de Matemática. As provas intelectuais foram realizadas na Faculdade de Direito, por uma escola de nível superior, e as provas físicas foram feitas na pista de Atletismo do Estádio General Osório. Teve ainda a prova de natação, que pra mim foi fácil – embora competisse com candidatos também muito bons – porque eu participava costumeiramente da travessia a nado da Baía do Rio Negro. Tendo sido aprovado na seleção de bolsas, em Manaus, vim para o Rio de Janeiro submeter-me ao vestibular da Escola de Educação Física. Se não passasse nessas novas provas, eu teria que retornar a Manaus. Era bonito. Tinha bolsista de todo o país concorrendo a uma vaga.

... Ah! A Escola! A Escola era muito bonita. Ficava no lugar mais bonito do Rio de Janeiro, entre o Pão de Açúcar e o Corcovado. Ali onde ela se situava, na Praia Vermelha, podíamos vê-los ao mesmo tempo... E tinha o professor Alfredo Colombo, um entusiasta da Educação Física. De porte olímpico, alto, 1,86 m, por aí, já era um senhor com uma certa idade. Impunha respeito. Confundia-se mesmo com a Escola. Faço esse resgate porque eu fiz uma campanha muito grande contra ele, mas não contra sua pessoa; mas sim contra atitudes por ele tomadas em relação às 'ruas de recreio'. Mas, naquela época, eu não tinha conhecimento das coisas, mas tinha uma intuição que me levava a detectar imediatamente aquilo que era contrário aos interesses da Educação Física. Era uma espécie de autodefesa, pois eu defendia a Educação Física como que se estivesse defendendo a mim mesmo; sem que existisse uma consciência política que me desse maior respaldo. Mas eu já questionava, eu era um pouco diferente da maioria. Me juntei a um grupo que também questionava, e essa turma, que se formou em 1957, foi uma turma extraordinária.

Lembro-me do meu primeiro dia de aula... Estávamos sentados num banco comprido, grande, conversando, conhecendo os colegas. Nesse momento, entra um cidadão na porta; as pessoas se levantam, e eu não me levantei, não por indelicadeza, mas sim por estar atento a uma outra coisa, eu estava fazendo não sei bem o quê, lendo, parece, distraído, e não me apercebi da pessoa que passava nem tampouco dos outros que se levantaram do banco, quase em posição de sentido. E nisso essa pessoa se dirige a mim e pergunta: '... O senhor não se levanta por quê?'. '... Não sei – eu disse –, mas se é preciso levantar eu me levanto sim, senhor.' E me levantei. '... O senhor fique sabendo de uma coisa, quando o diretor da Escola entrar, todos têm de levantar. Se levanta!' Recebi uma reprimenda muito grande na presença de todos, e eu pedi desculpas por não conhecer a praxe da casa. '... O senhor daqui a pouco suba lá no gabinete do diretor', disse o cidadão. Era o Peregrino Junior, o diretor da Escola. Professor João Peregrino da Rocha Seabra Fagundes Junior, nome bonito, um grande literato, membro da Academia Brasileira de Letras, diretor da Escola.

... Foi assim que eu e minha turma fomos travando contato com a estrutura da Escola. Fomos vendo que a Escola não era bem aquilo que nós imaginávamos. A sala de ginástica de aparelhos, por exemplo, era obsoleta. O material era antigo, maltratado. Os únicos ginásios que eram bons eram os de lutas e o de dança. Na Universidade, ninguém dava a mínima importância pra Escola, deixando-a num descrédito danado. Foi então que houve eleição para os representantes de turma junto ao Diretório Acadêmico. Não sei por que cargas d'água me elegeram um dos representantes. O outro era uma moça, a Estela. Quando nós chegamos ao Diretório Acadêmico, ele estava dividido. De um lado, o pessoal que apoiava o Emerson, dono de uma postura reacionária, entreguista (chamávamos de 'entreguistas' aqueles que ficavam ao lado da Direção); do outro, um grupo progressista, que lutava contra a administração do Peregrino. A maioria do grupo era do último ano, já maduro. Intuitivamente, simpatizei com o grupo opositor. Foi aí que começaram as nossas – minha e de Estela – lutas políticas, travando nosso primeiro contato com a política estudantil. Mas a luta era tímida. Os estudantes, naquela época, tinham medo do peso da suspensão. Os alunos eram punidos severamente, 30 dias suspensos das aulas, não podendo fazer as provas, enfim... os estudantes tinham realmente medo, queriam apenas se formar e sair fora. Não demorou muito para eu ser escolhido representante do Diretório Acadêmico junto ao DCE. O Diretório Central dos Estudantes era uma beleza. Funcionava no prédio da UNE. Você tinha a sensação de que estava no Senado. Todas as universidades da Universidade estavam ali representadas. O representante de uma unidade tinha um peso muito grande, era um representante político mesmo, você tinha que ter uma postura política definida. Você tinha que ver a ação dos teóricos da luta política estudantil, a força da UNE, na efervescência do Nacionalismo. Mas a verdade é que a Educação Física nunca tinha participado dessas lutas. O outro colega indicado junto comigo para representar o nosso Diretório junto ao DCE não aguentou a barra e pediu pra sair. Eu, então, indiquei a Estela para o seu lugar e eles concordaram, como quem diz: 'Não significa nada ser representante da Escola junto ao DCE'. Mas nisso aí foi que eles se enganaram. O tiro saiu pela culatra, porque foi dali da UNE, daquela efervescência toda, que nós trouxemos a prática política pra dentro da Escola de Educação Física, que se dizia apolítica. Foi nessa época também que começamos a fazer o curso do Iseb aberto para a área estudantil. Imagine você: nós saíamos de manhã da Escola, íamos de tarde para o Iseb e à noite, à UNE! Se você visse os estudantes da Faculdade de Direito se dirigirem a seus diretores, ver como eles tinham consciência daquilo tudo, enquanto o pessoal da Educação Física... era como o La Torre dizia naquela época, 'o estudante de Direito tem o pescoço fininho, mas levanta o dedo e fala grosso com o diretor; nós não, nós temos o pescoço grosso, os ombros largos e falamos fino diante dos diretores!' Aquelas palavras tocaram muito forte nos estudantes de Educação Física. Aquela musculatura toda dos alunos da Escola não representava nada diante do poder da argumentação, da consciência política. Foi o La Torre que, ao dizer aquilo, nos ajudou a retirar a catarata dos nossos olhos. Nós tínhamos o pescoço e os braços grossos, mas não tínhamos capacidade de argumentação. Certa ocasião, levamos o presidente do DCE, aluno de Direito, a uma de nossas reuniões do Diretório da Escola. Rapaz franzino, mas de fala forte. Embora pareça uma coisa muito simples, aquilo tocou profundamente o estudante da Escola, e nós começamos a participar, a perceber as posições retrógradas que o Peregrino tomava; coisas anacrônicas, desligadas de uma época de lutas políticas, de nacionalismo. 'Petróleo é nosso', enfim... Toda aquela agitação da UNE e a nossa Escola parada, técnica: um, dois, três, quatro; ginástica pra lá, ginástica pra cá, e 'em forma', e canta o Hino... Então, a primeira coisa que fizemos foi desmilitarizar a Escola. Isso foi consciente, nós sentamos em torno da mesa do Diretório Acadêmico e dissemos: 'Olha, de hoje em diante nós não vamos cantar o Hino Nacional de manhã cedo'. Isso porque nós passamos a identificar aquilo tudo com a herança a nós legada pelos militares. O Peregrino era o segundo diretor civil da Escola, antes dele só o Carlos Sanches de Queirós e três outros diretores militares, e nada tinha sido modificado até então, a Escola era realmente uma Escola Militar. E nós fomos, pouco a pouco, alterando as coisas, eliminando da Escola os ranços militares. E quem fez isso? Foram os estudantes. Isso não partiu dos professores. Partiu das deliberações tiradas em reuniões que nós fazíamos.

Depois, nós descobrimos que o óbice da Escola era o diretor, extremamente personalista, um 'cabide de empregos', ele tinha sei lá quantos empregos, uma quantidade enorme, que inviabilizava sua dedicação às coisas da Escola. Fomos gradativamente entendendo que a Escola para ele não era fundamental e buscamos ter conversa com ele. Íamos conversar e ele sempre desconversava. Aí, outras coisas foram acontecendo. Um colega nosso, fazendo exercício na barra fixa, foi lançado longe junto com ela, pelo fato de ela ter se desprendido por causa de má conservação. Doutra feita, nós não tínhamos piscina e fazíamos aula de natação no Clube Guanabara. Acontece que nós tínhamos um colega negro, o Floriano Manhães, que vinha sendo reprovado em natação já há algum tempo. Sabe por quê? Porque ele era negro! Porque no Clube Guanabara, os estatutos diziam que negro não podia nadar na piscina. E nós todos entrávamos pra aula e ele ficava do lado de fora do portão, porque nem pelo portão deixavam-no passar. Um dia perguntei pra ele por que não entrava, pois pensava que ele não entrava porque não sabia nadar. Cheguei mesmo a, na brincadeira, tentar arrastá-lo pra dentro do clube e jogá-lo na piscina, quando então ele falou: '... Não, eu não posso entrar, não sou eu que não quero, eu estou doido para estar lá com vocês!' 'Como?', dissemos. 'É que não pode, o estatuto do Clube não permite que preto entre', (1955). Você já imaginou o significado disso? Então, naquele dia, a turma parou na porta, recusando-se a fazer a aula. Depois de muito conversar, o Amêndola, professor de natação, foi convencido a fazer a aula na praia da Urca. Foi quando o Floriano conseguiu fazer as provas e passar. Mas não paramos por aí. Começamos a fazer um movimento dentro da Escola e entendíamos que o culpado daquela situação toda era o Peregrino, que não destinava à Escola o tempo necessário para bem administrá-la. Ele ia lá 15, 20 minutos por dia. Agora, nas horas de ir pro Conselho Universitário... ah!, nessas ele não faltava. E aí então, a greve eclodiu! Forte. Contando com o apoio do 'Pentágono' – era assim que chamávamos as cinco Escolas da Praia Vermelha: Medicina, Arquitetura, Odontologia, Farmácia e Educação Física – o movimento ganhou as ruas, as manchetes dos jornais...

# AINDA SEM SOLUÇÃO A GREVE NA ESCOLA DE EDUCAÇÃO FÍSICA

## Os alunos não voltarão às aulas enquanto o professor Peregrino Júnior não se afastar do cargo de diretor

Continua sem solução a greve dos alunos da Escola Nacional de Educação Física. As autoridades que podiam fazer alguma coisa estão paralisadas. Ninguém quer dar um arranhão no prof. Peregrino Junior. Enquanto isto, 60 técnicos em Educação Física não colarão grau este ano.

O DIA, que já teve oportunidade de noticiar o caso, entrou em contato com o Diretório Acadêmico daquela escola, que informou estar o coronel Afonso, da Presidência da República, encarregado de promover um encontro entre o presidente Juscelino e os estudantes.

Por sua vez, os acadêmicos se mantém irredutíveis: não voltarão às aulas enquanto lá permanecer o prof. Peregrino Junior como diretor.

### FARTOS DO DIRETOR

Como já é do domínio público, os alunos da Escola Nacional de Educação Física, fartos do seu diretor, o professor Peregrino Junior, presidente da Academia Brasileira de Letras, solicitaram ao mesmo que renunciasse ao cargo em virtude da falta de zêlo pelos assuntos da Escola que dirige. O referido diretor prometeu aos estudantes afastar-se e empenhou a sua palavra. Dias depois voltou atrás: não renunciaria mais. Os alunos, furiosos, entraram em greve e permanecem até agora nesta atitude.

### AMEAÇADO PELA POLICIA

Nossa reportagem, por outro lado, teve confirmação de que dois indivíduos, dizendo-se investigadores da DOPS, estiveram em atitude agressiva na porta da residência do presidente do diretório acadêmico, sr. Vinicius da Silva. Entretanto, ao ser-lhes pedida a necessária identificação, não o fizeram, ao que lhes foi batida a porta na cara.

Na última reunião do Conselho Departamental da Escola Nacional de Educação Física foi este fato ventilado, tendo, entretanto, o prof. Peregrino Junior desmentido qualquer interferência de sua parte, ao mesmo tempo que se solidarizava com o aluno ameaçado.

### A COMPANHIA DRAMÁTICA NACIONAL FICARÁ SUBORDINADA AO S.N.T.

O ministro da Educação e Cultura, em portaria ontem assinada, subordinou a Companhia Dramática Nacional, criada pela Portaria Ministerial de 10 de março de 1953, ao Teatro Nacional de Comédia do Serviço Nacional de Teatro, órgão que deve constituir-se de uma ou mais companhias de teatro declamado. A assistência técnica e artística da Companhia Dramática Nacional caberá à administração do Teatro Nacional de Comédia, devendo aquela organizar o plano de representação teatral em conjunto e sób o controle do T.N.C., ainda êste ano.

Arquivo particular do prof. Vinicius Ruas Ferreira da Silva

*Os estudantes em frente ao Palácio do Catete*

# Estudantes de Educação Física pedem a JK que afaste diretor

UMA caravana de estudantes da Escola Nacional de Educação e Física, composta por Vinicius Silva, José Sobrinho, Stela Alves e Emerson Mendes, estêve ontem no Catete. Queriam falar com JK, mas foram recebidos pelo sr. Josué Montelo, subchefe da Casa Civil. Os estudantes foram pedir a interferência de JK para afastar o atual Diretor da Escola, João Peregrino da Rocha Fagundes Jr. — "que no cargo (ou melhor dito, no "gôzo" do cargo) — como dizem em manifesto — não tem demonstrado o menor zêlo pelos interêsses desta Escola, a não ser nas vinculações universitárias para fins de prestígio e vantagens".

O manifesto apresenta várias irregularidades cometidas pelo diretor, concluindo: "Certos estamos que a renúncia ou afastamento de tão "ocupado" e embaraçado diretor, com o seu retôrno à cátedra que ocupa, trar-nos-á o estímulo e orgulho de alunos de uma Universidade democrática, livre, ativa, vibrante e sincera — obra que não pode ser prejudicada pela teimosa vaidade, obstinação de quem busca vantagens e prestígios em que manifestação qualquer pessoa de sensibilidade e auto-crítica evitaria.

"Infelizmente esta é a situação — continua o manifesto — triste a que chegamos em nosso país. Pessoas agarradas aos cargos como ostras, fingindo sacrifícios e sensibilidade que desconhecem. Só, pensam em prestígio e vantagens".

Após a recepção no Catete, os estudantes realizaram uma passeata pelas ruas do centro.

Arquivo particular do prof. Vinicius Ruas Ferreira da Silva

Mas aquilo tudo foi um desgaste muito grande, pegou as férias todinhas, foi até julho; foram seis meses de luta sem absolutamente nenhuma aula. Não era uma greve do tipo em que os estudantes não estão presentes, como hoje em dia eu vejo, não digo totalmente, que a gente não vai fazer uma afirmação leviana dessas, mas eu tenho visto greves em que os estudantes vão embora pra casa, ficando só os dirigentes dos diretórios acadêmicos. Pelo contrário. A Escola estava cheia de comitês, todo mundo pintando faixas e cartazes. A Escola amanhecia com um tiroteio terrível de fogos de artifício. Era um sinal que acordava todos os outros estudantes daquela área da Praia Vermelha. Cada um trazia quatro, cinco foguetes, não custavam caro. Depois do foguetório, o pessoal ia jogar vôlei, futebol, nas dependências da Escola. Dez horas da manhã, parava tudo, todo mundo se dirigia à Assembleia Geral. Aos poucos, porém, foi se dando um desgaste natural da greve, as assembleias passaram a se realizar só três vezes por semana, depois duas vezes; não tinha nenhum fato novo que sacudisse o movimento. Até que, um belo dia, o Peregrino resolveu ir à Escola. Aí foi uma beleza, porque nós conseguimos mobilizar todo mundo de novo. Quando ele chegou na Escola, as moças deitaram-se no chão, impedindo a sua passagem. Era um tipo de greve pacífica, sem violência, coberta pelos jornais como a *Imprensa Popular*, do Partido Comunista, que dava destaque de página inteira; até *O Globo*, por incrível que possa parecer, além da *Gazeta Esportiva* em São Paulo. Nos momentos em que a greve deixava de ser notícia, nós íamos pra rua, botávamos barricas nela e recolhíamos dinheiro para a construção da piscina. Um dia, nós ficamos sabendo que a Universidade tinha verba. Fomos então ao Pascoal Carlos Magno – assessor de assuntos estudantis do Presidente da República – e através dele conseguimos uma entrevista com Juscelino, a qual demorou um pouco a acontecer porque ele vivia viajando por causa da construção de Brasília.

Mas um dia, cansados de esperar, resolvemos que iríamos falar com ele, e não só a Escola, mas todo o 'Pentágono' foi ao seu encontro. Nós fomos dali até o Catete de bonde. Descemos com faixas e cartazes e pressionamos o presidente a receber-nos, em comissão. Eu, Estela e mais uns dez de nós fomos então recebidos por ele, que, ali mesmo, no nosso ofício, despachou no sentido de que fosse providenciada, imediatamente, a retirada, do fundo patrimonial, da quantia necessária para a construção da piscina. De lá nos dirigimos ao Calmon, que nos disse não poder mexer no fundo patrimonial. Telefonamos então, imediatamente, ao Pascoal, o qual transmitiu ao Calmon as orientações presidenciais no sentido de que a piscina fosse construída. Mas nós precisávamos que a piscina fosse construída imediatamente, para que pudéssemos fazer as provas de outubro, sem as quais perderíamos o ano letivo. O tempo era escasso. Estávamos em julho. Foi quando ficamos sabendo da existência de uma firma norte-americana que possuía um sistema de construção bastante moderno que daria conta de construí-la em tempo hábil, desde que suas máquinas, retidas na alfândega portuária, fossem liberadas. Fomos então, de novo, falar com o presidente. Mas, nesse dia, nós tivemos que usar uma outra estratégia, porque não tínhamos condições de mobilizar o 'Pentágono' como forma de pressão para sermos recebidos. Fomos, então, falar com o Pascoal, e enquanto conversávamos com ele, a Estela, 'de fininho', foi até o gabinete do Juscelino. Também eu, num outro momento, consegui driblar a vigilância do Pascoal e, juntos, entramos em seu gabinete, dando de cara com ele sentado em sua mesa, bem ao fundo da sala. Lembro-me bem daquela cena. Ele estava descalço, só de meias, com seus sapatos jogados pro lado, debaixo da mesa. Ele se espantou: '... Mas o que vocês querem? Já não está autorizado?'. Dissemos que sim, mas que... e aí contamos a ele toda a história da firma americana e de suas máquinas. Após ter-nos deixado falar, deu alguns telefonemas, autorizou a liberação daquele material sem praticamente nenhuma exigência maior e... a piscina foi construída.

Quem escolheu o lugar de construí-la fomos nós. Ali era proibido porque feria os interesses do patrimônio histórico; lá não podia porque não sei o quê... um dia, nós resolvemos cavar um buraco por nossa conta; buraco esse que as máquinas depois aprofundaram, continuando o serviço que iniciamos. Deu aquela piscina que você viu. Tá lá, ela, construída.

Arquivo particular do prof. Vinicius Ruas Ferreira da Silva

Então, piscina construída, saímos da greve, fizemos as provas, aquele negócio. O Peregrino Junior encontrou uma saída honrosa para ele, a aposentadoria. Se aposentou e acabou o movimento grevista na Escola. Mas, por causa do movimento, ganhamos participação no Conselho de Curadores e reativamos a Associação dos antigos alunos, com o Pedro Gomes. Passamos a ter uma atividade política completamente consciente.

Foi quando, no Congresso da UNE, em Friburgo, criamos a UNIÃO NACIONAL DOS ESTUDANTES DE EDUCAÇÃO FÍSICA, UNEEF. Elegemos a primeira diretoria e, com a presença maciça dos Representantes dos Diretórios Acadêmicos das Escolas de Educação Física de todo o país, fizemos nosso I Congresso. Foi uma beleza! O realizamos nas dependências da Escola de Educação Física. A maior dificuldade era você fazer um Congresso de estudantes dentro da Universidade, pois ele foi realizado na Universidade e possuiu uma conotação totalmente progressista, nacionalista.

Eu fui o 1º presidente da Uneef, depois veio o Rolim, de Minas Gerais, que por sua vez passou a presidência para o Thiago de Melo, irmão do

# I Congresso de Estudantes de Educação Física

## AS IMPORTANTES RESOLUÇÕES DO ÚLTIMO CERTAME NACIONAL

*Um grupo de congressistas.*

Realizou-se no Distrito Federal no período de 15 a 24 de outubro último, o I Congresso Nacional de Estudantes de Educação Física.

O certame, que teve como sede a Escola Nacional, reuniu representantes do Rio Grande do Sul, Paraná, São Carlos, Minas Gerais e Distrito Federal.

### ELEVAÇÃO DO NÍVEL DO ENSINO

Uma das resoluções dos congressista foi a de se encetar um trabalho de âmbito nacional, objetivando a elevação do nível do ensino nas Escolas de Educação Física. A integração das Escolas nas Universidades foi o ponto mais debatido pois, acham os fisicultores que sòmente assim poderiam ser melhoradas as condições do ensino. Um estudo detalhado dos assuntos pertinentes à Educação Física e às exigências vestibulares para ingresso nos estabelecimentos, carecem de um clima universitário, para a perfeita formação dos futuros educadores.

### CADEIRA DE RECREACIONISTA

Outra resolução de grande alcance social foi a que sugere a criação da Cadeira de Recreacionista, a exemplo do que já se faz nas Escolas do Paraná e de São Paulo. Essa Cadeira viria ampliar ainda mais os conhecimentos dos futuros professôres, abrindo-lhes novo campo de atividade, com os ensinamentos básicos para o mister de educar à nossa infância através da recreação.

### CURSOS DE ESPECIALIZAÇÃO

O Congresso elaborou um anti-projeto no sentido de substituir, em caráter precário, o Curso de Técnica Desportiva por Cursos de Especialização. O objetivo dessa medida é pôr fim aos projetos de lei que procuram "habilitar" técnicos leigos, com sérios prejuízos para os professôres diplomados, pondo em risco ainda a própria causa da Educação Física.

### CONDIÇÕES CLIMÁTICAS

Resolveram ainda os membros do Congresso enviar às Escolas de Educação Física uma moção sugerindo modificações em seus regimentos internos, a fim de que se possa processar uma distribuição de aulas mais de acôrdo com as condições de clima, nas diversas épocas do ano. Foram citadas a inconveniência por exemplo das aulas de natação em pleno rigor do inverno, assim como a exigência de atividades intensas que requerem grande dispêndio de energias, quando mais forte se faz sentir o calôr.

### OUTROS ASSUNTOS

Concessão de bôlsas de estudos, seguros contra acidentes assistência médica, alimentação, equipamento, livros, poligrafos, etc., foram outros assuntos ventilados durante o conclave.

Finalmente, foi eleita a nova Diretoria da União Nacional dos Estudantes de Educação Física (UNEEF).

### VISITA AO MINISTRO DA EDUCAÇÃO

Acompanhados do reitor da Universidade do Brasil, prof. Pedro Calmon, os congressistas avistaram-se com o prof. Clóvis Salgado, ministro da Educação e Cultura, a quem foram apresentar as resoluções aprovadas no Congresso. Na oportunidade, falaram os representantes de cada Estado, levando ao conhecimento de S. Exia. as dificuldades e deficiências com que lutam as nossas Escolas e fazendo um apêlo no sentido de lhes ser dispensado o amparo de que necessitam, algumas na iminência de cerrarem suas atividades, dada a carência de recursos materiais.

Arquivo particular do prof. Vinicius Ruas Ferreira da Silva

poeta. Bem... depois vieram essas coisas todas, eu me formei, me afastei das lutas estudantis e passei a militar no sindicato dos professores. Aí veio a Revolução de 1964, minha saída do país..."

A respeito de sua passagem pela direção da Divisão de Recreação Operária e dos acontecimentos que o levaram a sair do país... e o regresso...

"... É. Fui convidado pelo Pascoal Barroso para ser professor da Divisão de Recreação Operária do Ministério do Trabalho. Ele havia lido o meu discurso de formatura e gostado. Então, eu fui nomeado professor de práticas educativas no Ministério do Trabalho. Isso em 1959. Lá chegando, encontrei o Serviço de Recreação Operária dominado por pelegos, que promoviam atividades, de cunho assistencialista, de acordo com a força do sindicato, em nada contribuindo para a organização dos Trabalhadores. Com o passar dos anos, já no governo Jango, recebi um convite do Almino Afonso para ser o diretor da Divisão. Um belo dia, vi meu nome no Diário Oficial. Havia sido nomeado diretor da Divisão. Nunca reivindiquei ser o diretor daquela Divisão. Bem... na condição de diretor, buscamos instrumentalizar o operário para que ele pudesse realmente reivindicar o seu lazer, de como ocupar o seu fim de semana, do tempo que dispunha depois que saísse da fábrica, de como deveria repousar, enfim... essas coisas todas. Criamos, então, os Núcleos de Recreação operária nas favelas, nos lugares onde moravam os operários. Neles, também dávamos atenção aos seus filhos. Nesses núcleos, os operários se reuniam... talvez esteja aí uma célula de formação das Associações de moradores. Sabe por quê? Porque tinha um Núcleo em Ipanema, outro em Olaria... 'seu pai é operário? É. Então amanhã tem uma reunião com os pais das crianças que participaram das atividades programadas pelo Núcleo'. Então eles vinham, conversavam e passaram a formar Conselhos de Operários, que diziam o que eles desejavam de nós como recreação. Eles é que faziam. Nós encaminhávamos as verbas, era o dinheiro deles, recolhido através do imposto sindical. Por isso eu trabalhei todos aqueles caras comunistas, não comunistas, nacionalistas... Passávamos filmes – passei 'O encouraçado Potemkin' no sindicato dos metalúrgicos – e atividade foi uma das coisas que me levaram pro exílio. Eles queriam me prender porque achavam que eu estava colaborando com aqueles distúrbios no sindicato dos metalúrgicos, com os marinheiros. Na realidade, foi uma determinação do ministro. Ele mandou se entregassem as máquinas pro sindicato dos metalúrgicos. Mas, de qualquer maneira, nós íamos lá e dávamos toda a assistência. E aquilo foi se modificando. Conclusão: veio a revolução de 64. Eu vi a UNE pegando fogo, aquele negócio todo, e quando voltei pra minha casa lá na Urca, eu a encontrei invadida. Fui entrando e vi que a porta estava aberta, os caras sentados no sofá esperando que eu chegasse. Mas eu continuei subindo, passei direto como se não morasse lá. Aí saí e me dirigi pra embaixada da Bolívia. Antes disso, fui à casa primo e de lá fui ao Ministério do Trabalho. Foi uma dificuldade sair de lá. Foi de lá que fui pra embaixada e, através dela, saí do país. Eu fui pra Bolívia, pro Chile. Quando cheguei no Chile, por incrível que pareça, éramos perseguidos tanto quanto o éramos aqui no Brasil. Aí nós fomos para a França. Depois eu voltei, pelo Peru, pra Bolívia de novo e de lá vim pra São Paulo, por Santa Cruz de la Sierra. Depois de quatro anos fora do país, eu voltei e me reintegrei à Universidade em 1970. Não houve perseguição quando da minha volta. Fui recebido pelo Tetônio Vilela e o Marcelo Cerqueira, que me deram uma certa cobertura; tinha aquele negócio dos presos políticos... Fui incluído no Ato Institucional n. 2. Dizia 'exonerado' do Ministério do Trabalho. Já o AI-5, pra mim, era uma novidade. Eu praticamente tinha acabado de retornar, estava quieto, mudo, não podendo dizer nada, nem 'bolacha maria'. Foi exatamente nessa época que Maria Lenk assumiu a direção da Escola, arrasando com todo mundo, fechando o Diretório Acadêmico... Na volta, fomos ao Ministério da Marinha. O ministro pediu ao Calmon que me reintegrasse, e ele me reintegrou. O Calmon mandou fazer um levantamento pelo consultor jurídico, direitinho, se não havia nada contra mim. Ele me reintegrou. Passada uma semana, já estava dando aula. E estou até hoje dando aula..."

*Professora Maria Lenk. O despertar de seu interesse pela educação física, pelo esporte...*

"... Bem... Nós temos que nos situar nos anos 1930. Era, então, o Estado Novo no Brasil, e até aquele momento a sociedade em geral funcionava de acordo com as iniciativas individuais das pessoas, variando em função da formação dessas pessoas, da mentalidade delas. Não é novidade pra ninguém que em São Paulo havia uma colônia alemã muito pronunciada e que na época procurava, inclusive, fazer uso do seu modo de ver as coisas, da sua formação cultural. O meu pai, alemão, naturalizado brasileiro – chegou ao Brasil antes da Primeira Guerra Mundial –, acompanhava a formação dos jovens, dando aulas, gratuitamente, de ginástica no meu colégio. À certa altura, eu aprendi a tocar piano e então passei a acompanhá-lo em suas aulas. Elas corresponderiam, hoje, à ginástica rítmica, composta de movimentos livres, sem aparelhos, caracterizando-se, assim, a iniciação da Educação Física em colégios particulares na cidade de São Paulo.

Meu pai me levou a praticar ginástica pra ver se ela me ajudava a superar meu frágil estado físico, pois eu havia passado por várias doenças infantis, sendo uma delas a tosse comprida, aliada a uma pneumonia dupla que me deixou bastante enfraquecida, pois coincidiu com a minha fase de crescimento agudo, 11, 12 anos, por aí. Me levou, então, para uma associação alemã de ginástica, onde se cultivava até mesmo a ginástica olímpica, na intenção de me proporcionar ginástica além daquela escolar. Mas eu não tinha muita simpatia pela ginástica. Nos aparelhos eu era meio desengonçada – no período de crescimento a gente não tem tanta habilidade motora, o que me levou a alguns tombos – de maneira que eu não sentia atração pela ginástica. Então ele procurou outro meio e me levou para uma associação de natação, também alemã. Natação no rio Tietê, porque, na época, não havia piscinas. Aí, dentro de pouco tempo eu aprendi a nadar, quase que por mim mesma, isso porque o professor dava umas aulinhas, me pendurava numa espécie de anzol e cantava os comandos para eu fazer. Mas, na realidade, eu aprendi depois, brincando dentro d'água depois das aulas. Num instante apareceram competições, ainda infantis, mas que eles chamavam de competições de provas femininas. Aí começou a minha participação em competições. Fui evoluindo, participei do 1º Campeonato Interestadual – São Paulo e Rio de Janeiro –, ganhando a prova e garantindo minha escalação na equipe que foi aos Jogos Olímpicos em Los Angeles, onde fui a única e a primeira mulher sul-americana a participar. Essa parte do histórico da natação você vai encontrar no meu livro *Braçadas e abraços*, editado pelo Bradesco, numa primeira edição de distribuição gratuita, já esgotada, partindo para uma segunda edição que possivelmente será posta à venda. Nele você vai encontrar, também, o quadro que a situação do esporte e da Educação Física, principalmente feminina, apresentava naqueles momentos, porque, como você disse ainda há pouco, as coisas sucedem em função da situação do meio, dos fenômenos ocorridos socialmente. No que diz respeito à Educação Física, foi a partir desse momento que começou a haver interesse de introduzi-la nas escolas, justamente com toda uma divulgação sobre a sua importância, isso porque se procurava a higidez física do cidadão brasileiro, mesmo porque – mais uma vez vêm aí os reflexos das circunstâncias – o Brasil estava acompanhando os acontecimentos na Europa. Lá, o nazismo dava muito valor à aptidão física projetando a juventude, a Juventude Hitlerista, por exemplo, que serviu, até certo ponto, de incentivo para nós também, porque veio para o Brasil o reflexo da necessidade de uma pessoa saudável. Isso sem entrar em profundidades filosóficas e políticas, porque essas não tiveram repercussão aqui no Brasil, com raras exceções, naturalmente. Mas o princípio de um jovem são, de um jovem bonito, também os desfiles da juventude, isso até certo ponto o governo brasileiro copiou e nós tivemos o Dia da Juventude, também conhecido como 'Dia da Raça', comemorado no dia 5 de setembro, dois dias antes do da Independência. Então, no dia 5 de setembro se o desfile do dia da juventude e no dia 7 se fazia o desfile militar.

Então, vê-se, por esses fatos, que começou a haver uma preocupação com a saúde, com a aptidão física, essa, naturalmente, seria um reflexo pra haver Educação Física nas escolas, o que levou a uma maior procura de professores, fazendo com que as pessoas que estavam conscientes do assunto começassem a procurar Escolas para se formarem em Educação Física. Os homens conseguiram abrigo na Escola de Educação Física do Exército, que começou a projetar os seus reflexos sobre a sociedade brasileira, passando a admitir, em seu curso, a presença de civis, mas, como eu disse, reservado aos homens. Mas, olhando mais adiante, esse punhado de idealistas que existia na Escola de Educação Física do Exército – que eu chamo de 'Célula Mater da Educação Física no Brasil' – achou que deveria haver uma abertura para a mulher ingressar na profissão. Então, se nós feministas, hoje, achamos que os homens se opõem, eu acho que, pelo contrário, eles nos estimularam a penetrar nesses afazeres, sobretudo do magistério, porque o magistério, mesmo na época, era típico da mulher. A mulher ensinava, alfabetizava, mas a Educação Física não lhe era permitido ensinar. A Escola de Educação Física do Exército, então, estimulou alguns dos seus alunos de São Paulo a fundarem uma Escola de Educação Física. Isso coincidiu com o final da minha adolescência, momento em que estava começando a procurar um caminho para a minha vida profissional, e foram exatamente os meus pais – sobretudo mãe, que estava preocupada, ansiosa para que eu encontrasse meu caminho – que leram nos jornais notícia a respeito da fundação da Escola de Educação Física. Foi, portanto, em São Paulo, que disparou-se o tiro de partida para a Educação Física civil, notadamente feminina, e eu acabei por fazer parte da primeira turma a ser formada pela Escola. Essa Escola, como você já sabe, depois de muita luta, conseguiu o ingresso na USP, porque, na época, havia o preconceito de que Educação Física e Esporte era um assunto exclusivamente muscular e não intelectual, não merecendo, então, abrigo dentro da Universidade. E, mais uma vez, veio em nosso socorro a Escola de Educação Física do Exército que, através de seus oficiais professores da Escola – e os militares tinham um poder muito grande junto ao governo – conseguiu sensibilizar o Ministério da Educação para fundar uma Escola de Educação Física dentro da Universidade, criando-se, assim, a Escola Nacional de Educação Física na Universidade do Brasil. Quer dizer, um processo acima daquele que se fez em São Paulo. Nisso eu tive a felicidade de ser também pioneira, porque estava me destacando na natação e, quando terminei o curso em São Paulo, imediatamente depois vieram os Jogos Olímpicos de Berlim, e aproveitei a oportunidade para fazer um curso de aperfeiçoamento na Academia de Educação Física na Alemanha, recebendo, por ocasião de minha volta, um convite do governo, através do ministro Capanema, para fazer parte do corpo docente de um curso preliminar, anterior à fundação da Escola de Educação Física, para auscultar o mercado de trabalho.

Esse curso chamou-se 'curso de emergência'. Dele saíram alguns elementos que depois integraram o corpo docente da Escola de Educação Física, fundada logo a seguir.

Se a Universidade do Brasil recebeu bem a Educação Física? Na verdade, eles a aceitaram mais por imposição do governo. Eu tenho a impressão de que se não fosse a situação política daquela época, as dificuldades teriam sido maiores. Apesar de eles terem admitido a criação da Escola, eles não admitiam, na época, que se fizessem concursos para que os professores de Educação Física ficassem em igualdade de condições com os demais professores – da Universidade. Eles admitiram a contração que seria sempre por um ano, e cada princípio de ano era sempre uma dificuldade burocrática muito grande renovar o contrato. Depois, uma vez que tinha, também no curso, uma parte de matérias científicas, Fisiologia, Anatomia, Psicologia, isso tudo, naturalmente, preenchido por médicos, e esses médicos, dentro do conceito intelectual, se achando em igualdade de condições com os professores das outras Escolas, admitiu-se a hipótese de se fazer concurso para eles, médicos, mas não para o professor de Educação Física, sempre colocado em segundo plano. Justamente nós, os professores, que muitas das vezes ajudávamos a eles, médicos, a se projetarem, e os médicos muitas vezes nem eram desportistas na alma e usavam a Educação Física mais como um trampolim, porque eles, sendo alguma coisa dentro da Congregação da Escola de Educação Física, tinham acesso aos Colegiados superiores da Universidade, e era isso que eles queriam, projetarem-se lá e não na Educação Física. Tanto é que a própria medicina desportiva, paulatinamente, foi caindo (...) prejudicando assim o que havia sido bem idealizado pelos oficiais da Escola de Educação Física do Exército. Então, a Escola Nacional de Educação Física começou a passar por estágios, acompanhando, naturalmente, a situação política e social do país, como todas as demais instituições. Ela foi dirigida nos primeiros anos por oficiais. O mais entusiasmado e que se colocou como marco histórico da Educação Física do Brasil era o nosso major Inácio de Freitas Rolim. Ele, durante cinco anos, foi o nosso diretor e só deixou de sê-lo porque teve que seguir a sua carreira militar. Muito nacionalista, organizava aqueles desfiles da juventude, movimentava a todos e tinha um grande amigo, também nacionalista, querendo projetar as coisas nossas dentro do seu setor, que era Villa Lobos. Villa Lobos ia à nossa Escola e nos ensinava os cantos patrióticos. Então, quando nós desfilávamos e acompanhávamos, também com nossos alunos cantando, os grandes coros juvenis, todos dotados de uma imensa vibração, projetávamos o Brasil, expressando um nacionalismo talvez até extremo, mas que se refletia sobre toda a mentalidade do povo. Porque o povo ia lá e aplaudia, gostava de ver essas coisas. Assim como hoje, talvez vá ver uma corrida de maratona ou qualquer outra manifestação esportiva, na época interessava-se por isso."

Os anos 1960...

"Pois é... então aconteceu uma coisa interessante nos anos 1960... Com o limiar novamente de um governo revolucionário, quer dizer, em 64, começou a haver nova atenção do governo pela Educação Física. Isso se refletiu na própria Escola de Educação Física... Houve um momento em que surgiu a necessidade de fazer uma eleição, por uma lista tríplice, para que se nomeasse um novo diretor. Aí, pela primeira vez na história, compuseram a lista três professores de Educação Física, e nenhum médico. Isso foi mais ou menos em 1966. Mas aconteceu uma coisa curiosa. O professor Alfredo Colombo tinha sido diretor da Divisão de Educação Física do governo anterior ao governo revolucionário e ele foi eleito como o cabeça da lista tríplice. Então, como eles sabiam que ele tinha problemas políticos, pra não haver dúvidas quanto à possibilidade de sua nomeação, simplesmente colocaram dois nomes femininos na lista; o da Helenita Saiá e o meu, isso porque éramos as duas únicas catedráticas, e ser catedrático era um pré-requisito pra ser diretor. Esses três nomes foram, então, encaminhados ao governo para que ele escolhesse um deles. Esse processo rolou, rolou, eu até fui aos Estados Unidos visitar meus filhos que lá estavam e, quando voltei, vim sem a menor preocupação com aquilo tudo, pensando mesmo em me retirar pra poder me juntar à minha família nos EUA. Um belo dia – foi até um sábado de manhã, como hoje – telefonaram avisando-me de minha nomeação. '... Nomeada pra quê?', eu disse, pois havia até esquecido que estava naquela lista. E foi um choque muito grande, inclusive para o próprio Colombo, que nunca me perdoou, pensando que eu tinha mexido meus pauzinhos, quando não era isso. Era que o governo, depois de tanta viravolta, ainda insuflado pelos médicos que diziam que nós nem éramos concursados, além do fato de a lista conter os nomes de duas mulheres, não queria nomear o novo diretor, e deixou o tempo passar. Eventualmente, superou-se tudo isso e nomearam simplesmente um nome daqueles. Não sei por que caiu no meu, deveria ter caído no da Helenita, que era o segundo, mas escolheram o meu, não sei por quê, talvez porque eu tivesse mais projeção pública. Na época, eu já era recordista mundial e essas coisas todas. Então me escolheram e eu achei que não podia recusar. Aceitei até certo ponto uma conquista muito grande, porque era uma conquista dupla, não só de ser, pela primeira vez, um professor de Educação Física o escolhido para dirigir a Escola, como pelo fato de ser, também pela primeira vez, uma mulher a eleita. Então, nesse duplo papel, eu assumi consciente do que eu teria que enfrentar, porque ao mesmo tempo havia um desassossego muito grande dentro das Universidades; basta dizer que, ao assumir e tomar posse, os alunos estavam em greve e até certo ponto temia-se alguma baderna, alguma coisa, e eu, nesse clima de guerra, assumi e tive que vencer muitos obstáculos, dentre eles, a posição dos médicos, que não se conformaram com aquela situação (...) apesar de eu ter escolhido um médico, o professor Maurício Rocha, um grande cientista, muito conhecido no Brasil, até os dias de hoje, para ser o vice-diretor. Com ele, consegui superar uma série de dificuldades, inclusive a de criarmos, pela primeira vez no país, um laboratório de Fisiologia do Esporte, para o que contamos com o auxílio do governo, que via a iniciativa com muito bons olhos. Também foi através do grande apoio do governo que pude tirar a Escola da Praia Vermelha e levá-la para o *campus* universitário da Ilha do Fundão. Recebendo a Escola em condições precárias de funcionamento, consegui convencer a reitoria a incluir, em seus planos de transformar a Ilha do Fundão num *campus* universitário, a mudança da Escola para aquela localidade. E isso tudo foi bastante apoiado pelo governo, inclusive a ponto de o então presidente Médici se interessar pelo assunto e suspender a Expo-70 – Exposição Internacional de Produtos Industriais –, que iria absorver uma soma imensa de recursos financeiros, e transferido essa verba para a UFRJ transformar e mudar a sua sede da Praia Vermelha para o Fundão. A Escola foi projetada dentro do que naquele momento existia de mais moderno. O presidente Médici, lançado mão daquele dinheiro todo, queria saber se ele estava sendo bem aplicado. Formou lá, então, um setor encarregado de vigiar as obras e mensalmente queria um relatório do que estava acontecendo, de maneira que inauguramos nossa Escola, poucos meses depois de ter terminado o meu mandato, que foi de 1968 a 1972. Nós inauguramos a Escola com a presença do presidente Médici, o qual homenageamos dando o seu nome ao Ginásio de Esportes.

Se foi coincidência esse impulso dado à Educação Física em dois momentos de regime forte no país? Não. Se você analisar a história, você concordará comigo que o Esporte e a Educação Física receberam sempre maior impulso nos regimes militares. Isso porque o regime militar se preocupa, sobretudo, com a higidez e a aptidão física, por estarem os militares sempre atentos ao risco de uma nova guerra. A gente faz, realmente, com muito mais ênfase, aquilo que é necessário fazer num determinado momento imposto pelas circunstâncias, e as circunstâncias de guerra são sempre de maior imposição. Eu diria, então, ter sido, talvez, uma coincidência, mas coincidência que se explica..."

> Sobre a educação física no ensino superior. O movimento estudantil...

"... Bom... eu posso dizer isso de vivência própria, porque exatamente nesse período eu estava na direção da Escola. Estava, por conseguinte, dentro do Conselho Universitário, estava em ligação direta com o governo, e ele, através da Divisão de Educação Física, convocou todas as Escolas de Educação Física para que se estudasse um novo currículo para seus cursos e também nomeou uma comissão – da qual fiz parte – para dar forma a um documento que visava difundir a Educação Física e torná-la obrigatória em todos os níveis de escolaridade, quer dizer, alcançava inclusive a Universidade. E na UFRJ foi exatamente eu quem implantou essa lei. Então eu conheço a fundo todos os senões desse assunto e posso dizer com respeito a este político que, quando eu assumi em 1968, a preocupação do governo era a de acabar com as células – assim chamavam os centros comunistas – que estavam mais ou menos veladas em forma de diretórios acadêmicos, e que não se preocupavam com o ensino, mas sim com assuntos políticos, revolucionários ou contrarrrevolucionários, vamos chamar assim.

Acontecia ainda uma outra coisa interessante. Na época, nós da Educação Física, estávamos defendendo a tese de que viesse a existir, na Universidade, a ginástica obrigatória, quer dizer, o preparo físico e a preocupação com a saúde de todos os estudantes, mas também que se continuasse a cultivar o esporte universitário. Então havia a Confederação Brasileira de Desportos Universitários, CBDU, que existe até hoje, composta de associações de desporto de competição, existentes nas Universidades como departamentos dos diretórios acadêmicos, departamentos esses que não tinham nada com política. Então ocorria uma coisa interessante, porque você também vai perceber que quem está ligado ao esporte raramente se interessa por política. Eu mesma, se você me perguntar se sou a favor da ditadura ou da democracia, se sou a favor de regime x, y ou z, eu responderei que não me interesso pela forma política, eu me interesso é em saber o que eles já conseguiram fazer em função da Educação Física e do Desporto. Então, o que nós queríamos era preservar os departamentos esportivos, que eles continuassem a fazer os seus esportes de competição, que a CBDU continuasse a existir. E ela, CBDU, contou, naquela época, com substancial apoio militar. Foram realizados grandes JUBs – Jogos Universitários Brasileiros – bem organizados porque os militares deram uma mãozinha aos estudantes na organização dos Jogos, dando a eles aquele cunho patriótico, com desfiles etc., dentro dos moldes olímpicos. Mas muitas vezes as Universidades, inclusive a Escola de Educação Física, eram obrigadas, por questões políticas a fecharem os Centros Acadêmicos, mas não a fechar seção esportiva, essa continuava...

Apesar de estar na testa disso, eu jamais fui informada pelo governo que a intenção era essa. Pode ser como consequência, uma vez que os alunos tinham desviadas suas atenções para o esporte, já não tinham mais aquele impulso de se reunirem nos Centros Acadêmicos. Eles tiveram, no Esporte, uma outra forma de se reunirem. Porque o estudante gosta de ter o seu agrupamento, o que, aliás, é muito saudável e é muito bom que seja assim. E eles foram passando suas atenções para a Educação Física e deixando de ter maiores interesses nas expressões políticas e talvez se tenha conseguido isso. Mas nós que estávamos organizando não pleiteávamos isso, eu digo de coração, porque realmente eu não tinha nenhuma preocupação com isso..."

Quanto à sua participação e entendimento a respeito da greve promovida pelos estudantes na Escola Nacional de Educação Física...

"... Eu posso dizer que não me envolvi naquilo. Na época, eu era titular da Cadeira de Natação, e nós não tínhamos lugar na congregação. Isso foi uma conquista posterior, de maneira que nós estávamos realmente em segundo plano, e eu nunca me meti em política de espécie alguma em toda a minha vida. Eu sou lançada, às vezes, em postos políticos. Agora, recentemente, por exemplo, acabei assumindo, na condição de interventora, a Confederação Brasileira de Natação, que estava com problemas. Mas isso, não porque eu tivesse atuação política, mas sim porque coincidiu; quando se precisa de uma pessoa totalmente neutra, lá estou eu, sabe. Neutra por um lado, no assunto político, e por outro, em evidência no Esporte. Então, aí, escolhem pessoas assim..."

A respeito de sua percepção da presença de fatores político-ideológicos nos episódios por ela vividos e aqui rememorados...

"... Não assim acentuados... É verdade que naquela fase, no início da Revolução, procuravam-se os líderes comunistas, não é?, e muitos foram encontrados no meio dos professores, inclusive de Educação Física, os quais foram, inclusive, cassados. Na Educação Física, até que foi muito pouco, sabe. Havia um que realmente assumia uma liderança, mas ele, por natureza, era realmente assim, muito exuberante, queria se projetar, muito mais do que por convicção política. Infelizmente ele teve que arcar com as consequências. Mas, de uma maneira geral, os professores de Educação Física não se envolvem em política. Porque também tem o seguinte, isso eu até tive ocasião de dizer numa reunião que houve recentemente no Conselho Nacional de Desporto: Esporte e Educação Física, principalmente a Educação Física Escolar, que se preocupa com a eugenia da raça, são comuns a qualquer regime político, isso tanto faz ser um regime forte como um regime democrático, acho que a preocupação existe e nós vamos mesmo ao fundo da questão que é a Educação Física em si. O que esse indivíduo faz, por exemplo, dentro da política é assunto completamente independente..."

Um pouco da história da sua presença no CND... e os dias de hoje...

"... O CND foi criado também por um governo ditatorial, pelo Getúlio, em 1941. Isso em consequência de um desentendimento que houve entre grupos de dirigentes e que finalmente o governo achou que deveria botar a mão e colocar em ordem, porque eram escandalosos os reflexos internacionais, e um governo forte não podia admitir isso. Interveio e criou, então, o CND – Conselho Nacional de Desportos – que durante algum tempo funcionou sempre em mãos de civis. Um dos grandes precursores, aliás quem redigiu a lei, foi o João Lira Filho. Pra mim – eu sou a maior fã dele – ele é a maior expressão intelectual do esporte brasileiro, grande filósofo e, naturalmente, por ser advogado, conhecedor das leis. Um sociólogo que soube catar os elementos que existiam no momento pra criar aquilo, que foi tão bom que durou muito mais do que deveria durar. Quando entrou o governo revolucionário de 1964, aí o CND passou a ser conduzido por militares. Nomeou-se, então, o General Elói Menezes, um dos grandes competidores olímpicos, praticava hipismo, e foi nessa época que eu fui convidada. Curiosamente, porque a gente poderia esperar que os militares fossem antifeministas, vamos dizer assim, mas eles estavam interessados na época, em procurar figuras de projeção nos esportes de competição, então me jogaram nessa coisa. Eu fui, então, a primeira mulher a fazer parte do CND, porque coincidiu de eu estar destacando-me no esporte e também na administração. Então, já sabendo que eu tinha capacidade... Se eu conheço outras mulheres que fizeram parte do CND? Não. Eu sou a única. Isso porque o recrutamento é feito no meio dos dirigentes, através de conexões políticas, e a mulher não se mete muito nisso. Quando ela trabalha, o faz mais a nível de assessoria aos maiorais, de uma forma muito humilde, muito apagada, não ficando em evidência. Às vezes se procura um mérito esportivo, como, por exemplo, o acontecido com a Maria Ester Bueno. Mas ela nunca se dedicou à administração nem ao estudo administrativo, pedagógico e filosófico da coisa, faltando-lhe, então, essa base. Ela poderia, talvez, ser nomeada para o CND, mas aí seria mais uma figura dessas que não trazem consigo todo o cabedal de conhecimentos que precisaria ter..."

Professora, se pudesse voltar no tempo, faria tudo de novo?

"... Ah! Sem dúvida. Eu me sinto totalmente realizada profissionalmente porque sou muito grata ao destino e a Deus, de ter me posto, no momento certo, no lugar certo, porque isso é muito importante pra pessoa ter sucesso. Não basta ter competência. É preciso que, num dado momento, a gente tenha realmente a oportunidade de fazer as coisas. Eu atravessei muitos anos e muitas oportunidades sem estar perfeitamente consciente do que estava acontecendo. Se eu voltasse no tempo, com o que eu sei hoje – isso me lembra aquela canção famosa '... se eu soubesse, naquele dia, o que sei agora...' – talvez fizesse algumas coisas um pouco diferente, mas o final teria sido mais ou menos este..."

*Professor Jarbas Gonçalves*

"... A minha sensibilidade para a Educação Física foi despertada quando, ainda jovem, estudava em Casa Branca, uma cidadezinha do interior do estado de São Paulo. Tive a felicidade de ter um professor, leigo em Educação Física, mas um apaixonado por ela. Porque naquela época não havia local para a formação de professor de Educação Física. O Alberto Grum – era esse o seu nome – era filho de alemão e guardou consigo todo o respeito e consideração que seus velhos tinham para com a Educação Física. Ele era telegrafista da estrada mogiana e obteve uma nomeação para ser professor de Educação Física, conseguindo, através dela, sensibilizar a população para a sua importância. A Educação Física era de fato uma atividade não puramente educacional. Era uma atividade mais 'de fachada', em que os festivais, as concentrações e o desfile tinham uma importância capital na vida cívica e social da cidade. Após esse período, o governo do Estado de São Paulo começou a Educação Física com mais carinho. Designou, através de uma portaria, diversos professores, por indicação, não se sabe de quem, para fazerem um curso de especialização na Escola de Educação Física do Exército, no Rio de Janeiro, para, ao retornarem, organizar e fundar, em São Paulo, uma Escola de Educação Física. Nós tínhamos, aqui, a influência bastante positiva da Escola da Força Pública, que importava mestres-de-armas da França para ministrar esgrima. Tanto é que nós tivemos alguns professores da Força Pública no início das nossas atividades aqui na Escola. E entre esses professores – eu não posso dizer pra você quais foram os argumentos utilizados para que eles fossem indicados – nós tivemos quatro de Casa Branca. Quatro professores normalistas que foram pra Escola de

Educação Física do Exército para conseguir subsídios para a formação cultural na área da Educação Física, para depois vir aqui ministrar aulas. Isso foi em 1932/33, por aí... Eu era contemporâneo desses professores na Escola Normal lá em Casa Branca e até a minha formatura passaram-se três anos, aproximadamente. Mas isso constituiu-se num estímulo muito grande para aquela juventude que lá estudava e que não tinha maiores opções de trabalho. Formava-se professor normalista e ia lecionar na roça, porque nem lugar pra lecionar na cidade tinha, era pegar a charretinha e ir pra roça. Então, houve um esforço muito grande e aqueles que se reuniram e vieram para cá eram todos indivíduos sempre bem dispostos... Então nós viemos em cinco professores, formados na Escola Normal de Casa Branca, tentar conseguir matrícula aqui na Escola de Educação Física. Entre esses cinco estava um irmão do professor Jarbas Figueiredo – um dos professores de Casa Branca que foram ao Rio de Janeiro fazer o curso na Escola de Educação Física do Exército – professor 'da casa'.

Nós nos matriculamos em 1936. Fomos praticamente a terceira turma. E, ao chegar aqui em São Paulo, buscamos nos adaptar de acordo com nossas condições econômicas... viver em pensões, sofrendo todos os problemas que os atuais alunos que vêm do interior enfrentam aqui em São Paulo, provavelmente em circunstâncias um pouco diferentes, mas parecidas. Aqui encontramos um grupo de professores idealistas. A Escola funcionava em dois anos, foi praticamente o início da Educação Física. A nossa turma tinha quase cem alunos. Um aspecto importante que vale a pena ressaltar é que, concomitantemente ao curso de licenciatura em Educação Física, havia um de normalistas, e o professor Antonio Boaventura, que já lecionava em Guaratinguetá, veio para a Escola fazer o curso para normalistas, que tinha a duração de um ano. Acontece que, logo de início, ele se ajustou bem na nossa turma, vivia na Escola, demonstrando uma perfeita adaptação à área de Educação Física e um desejo de continuar, que levou os alunos matriculados no curso de licenciatura a fazerem um pedido à direção da Escola, no sentido de permitir-lhe terminar o curso de licenciatura após o de normalista, cursando mais um ano, no que foram prontamente atendidos..."

A escola de educação física...

"... A Escola de Educação Física, naquela época, era muito bem caracterizada. Nós tínhamos três tipos de professores bastante distintos, que se distinguiam pelas diferenças de área em que atuavam. Eram os 'professores-médicos', os 'professores-jornalistas', especializados em jornalismo esportivo, e 'professores-professores', os oriundos dos cursos normais. Eram esses últimos os que se dedicavam à Escola e que, através de uma maior convivência, transmitiam muito mais nos intervalos das aulas do que os demais, que passavam correndo pela Escola. Esses 'professores-professores' eram ligados diretamente à área esportiva. Porque a formação daquela época era puramente desportiva. Os professores e os alunos tinham uma característica marcante, tinham sido sensibilizados para a Educação Física, pela prática esportiva em algum clube, alguma associação, algum reduto que não o colégio.

Já os 'professores-médicos', embora indivíduos de sensibilidade e muito abertos a qualquer tipo de diálogo, eram professores que passavam rapidamente pela Escola. Além disso, eles, em termos didático-pedagógicos, eram uma coisa bárbara. O professor de Anatomia, por exemplo... as aulas dele eram organizadas de forma estafante. Ele pegava um osso minúsculo, de meio milímetro quadrado, e falava duas horas sobre aquele osso, ranhura que se dirige da esquerda pra direita, outra da direita pra esquerda, não sei o que mais... Depois jogava aquele osso num monte de cacos de ossos e mandava você procurar o ossinho que ele havia descrito e nunca mais que você achava ele na vida!..."

A educação física chegando às escolas primárias e secundárias...

"... De início houve uma reação negativa da Escola Particular. Dizia-se que a Educação Física não acrescentaria nada na formação do aluno, que o aluno precisava mesmo era das disciplinas básicas que constavam no currículo mínimo, e que a Educação Física seria de fato um esforço a mais a ser feito pela direção das Escolas. Tinha também o problema do espaço físico. Naquela época, os espaços existentes dentro da área global do Colégio já eram absorvidos por salas de aula e achava-se que seria exigir demais das escolas particulares fazê-las dedicar uma área livre de tantos metros quadrados para prática da atividade física. Só não conseguiram vencer a luta travada inicialmente nos gabinetes, porque o esforço do governo foi maior, por estar convencido de que a Educação Física deveria entrar, cuidando da preparação física da juventude do Brasil..."

A respeito da influência da obra de Fernando de Azevedo...

"... Olha, tendo em vista que a Escola de Educação Física de São Paulo já possuía uma filosofia bem definida, posso dizer que Fernando de Azevedo não sensibilizou muito os estudantes e professores. Todos tomaram conhecimento do seu livro, todos tiveram oportunidade de discutir em classe, inclusive, mas não foi de notória persistência e profundidade a sua influência. A importância que ele teve sobre os Homens do governo foi muito maior do que sobre a direção da Escola propriamente dita, porque a direção da Escola já estava com uma linha política definida, voltada para a questão esportiva..."

A respeito da influência militar na educação física...

A influência militar se fez sentir pela adoção do regimento francês e pela presença da Força Pública, de onde vieram nossos primeiros professores. No mais, não houve oportunidade pra ser tão marcante em nós a Educação Física militar. O único resíduo que sobrou é que, na época do Estado Novo, firmou-se um culto à pátria com muito mais seriedade do que hoje. A Escola – quer por essa filosofia imperante na época, quer por termos na direção, quase sempre, um militar – tinha uma participação muito ativa em todas as manifestações esportivas fora do âmbito escolar. Os professores e alunos eram convocados para, uniformizados, participarem de aniversários de clubes, semana da pátria... nós desfilamos no Parque São Jorge, num aniversário do Corinthians, com toda a Escola presente, professores e alunos. Sete de setembro era tradicional, a Escola toda desfilava. Isso tudo veio desse culto alimentado no Estado Novo..."

A educação física no ensino superior

"... A impressão que temos é que o que levou a Educação Física ao ensino superior foi o espírito imitativo, porque outros países fazem, nós temos que fazer também. Eu acho que mudança não se faz por decreto. Deve ser uma consequência natural de uma exigência da sociedade. Eu acreditava que seria excepcional um 3º grau com a sua Educação Física, se nós tivéssemos um 1º e 2º graus e até o pré-primário com a Educação Física num crescendo, orientada para os aspectos educacionais e fisiológicos. Se assim fosse, o aluno, ao ingressar no 3º grau, a exigiria também na universidade. Mas não. Como é imposto, é mal recebida. O aluno já não gostava dela, veio pra universidade e é obrigado a frequentá-la, a fazer atividade física. Não pode gostar dela..."

Os estudantes universitários... A militância estudantil...

"... O jovem sempre foi um insatisfeito, mas a forma de transferir, de jogar pra fora, de tornar pública essa insatisfação sempre esteve limitada pelos valores da época. No meu tempo, nós podíamos ser inconformados, mas a forma de solicitar alguma coisa era quase que pedindo favor. Não que não houvesse essa oportunidade, é que nós fomos criados dessa forma e nós vínhamos de uma geração em que o jovem tinha que aguardar um momento oportuno pra poder reagir como adulto. Então, nos convenceram a acreditar que não tínhamos a experiência suficiente, nem a cultura desejada pra poder estar solicitando muitas coisas. Hoje nós sentimos que o aluno se descobriu totalmente, ele vem a público e apresenta os seus pontos de vista, as suas críticas e a maior parte deles faz sempre até de forma não política, porque criam conflitos antes de procurar solução. Mas entende-se como a ansiedade própria de um indivíduo que tem muita vitalidade e tem que desabrochar de qualquer forma... Eu sempre julguei os jovens muito puros. Se eu não parto desse princípio, eu não sei dialogar com eles, porque se eu julgasse que eles são desonestos em suas pretensões, papo encerrado, mas não, eu sempre julguei que um jovem, como o filho da gente, tem que dialogar pra perceber o que deseja realmente, pra onde quer caminhar, quais são os subsídios que ele pode apresentar para a modificação. Mas você observa que houve, dentro da USP, um aspecto falho na Educação Física: os estudantes que ocupavam as Associações Atléticas Acadêmicas e a Liga das Associações Atléticas Acadêmicas da USP eram elementos políticos que faziam uma política não em benefício do desenvolvimento esportivo da Universidade, mas uma política contra alguém. A LAAAUSP queria tomar conta do Centro de Práticas esportivas da USP, Cepeusp, achava que ele deveria ser gerenciado por ela e não por uma entidade com corpo diretivo separado pra poder oferecer a toda comunidade universitária a oportunidade de se beneficiar da praça esportiva..."

A respeito de seu conhecimento da existência da Uneef e da greve de 1956 na Escola Nacional de Educação Física...

"... Você está me surpreendendo com essa notícia! Porque, às vezes, o estudante incorre em um erro grave, a divulgação dos seus movimentos é feita muito entre eles, entre colegas, entre associações e nem sempre chega a transparecer e a ganhar outros espaços. Então, muitas vezes, as pessoas que deviam ser mais atingidas por essas discussões chegam a ignorá-la... Quanto à greve, eu acompanhei muito por cima. Como eu estava dizendo a você, essas greves nem sempre têm por parte da imprensa o destaque desejado. Além disso, o relacionamento das duas Faculdades, Universidades, através de seus corpos discentes, não era tão íntimo, porque, se fosse suficientemente íntimo, talvez essa greve pudesse ter gerado uma greve geral pelo Brasil. Se os motivos fossem elogiáveis e dignos de se levarem em consideração, isso deveria ocorrer. Aqui não chegou a atingir a Escola. Eu não sei por que ela ocorreu. O Peregrino era um professor de muita personalidade, de renome nacional e até internacional..."

Um pouco da sua visão a respeito da Associação dos Professores de Educação Física do Estado de São Paulo. Apef/SP, a mais antiga do país...

"... A Apef/SP sofre as consequências de atitudes que são muito características dos Homens, não sei se só dos da área ou não.

Lastimavelmente, nós observamos que, durante todos esses tempos, quem geriu praticamente a Apef/SP foram os seus presidentes e alguns abnegados que os cercam. A diretoria por si só não dá solidez à instituição. A instituição é o povo, é o professor de Educação Física, e o professor de Educação Física está muito afastado disso.

Eu sinto que nós tivemos diversas fases boas na Apef/SP, e essas fases foram aquelas em que ela contava com o beneplácito do Departamento de Educação Física do Estado, por exemplo. Proporcionava verbas, oportunidades pra participar de cursos... A Apef/SP, como classe, como politização dos professores de Educação Física, foi sempre um órgão mais ou menos inexpressivo, nunca houve uma preocupação nesse sentido. Tenho a impressão de que, ultimamente, nós tivemos a idade de reunir, ao seu redor, elementos que foram sentir na pele os problemas políticos atuais de mudança de governo, então deram uma conotação mais política, procuraram arregimentar um número maior de professores, no sentido de discutir os problemas da classe, e houve até um esboço pra se formar uma 'Ordem dos Professores de Educação Física', um 'Sindicato', que lastimavelmente fica sempre 'em estudo', nunca se efetiva.

Eu acho que, hoje inclusive, esse estudo deva ser reiniciado no sentido de ativar a defesa da classe, principalmente agora que a Educação Física, através desse conceito ligado à saúde interessa muito mais à população que antigamente..."

Julho de 1935  N. 3.460

## Tomou posse, hontem, a primeira directoria da Associação dos Professores de Educação Physica

A' cerimonia, que se realizou na séde do Centro do Professorado Paulista, compareceu numerosa assistencia

*A mesa que presidiu a cerimonia de posse da primeira directoria da Associação dos Professores de Educação Physica*

Grande assistencia compareceu, hontem á noite, á linda séde do Centro do Professorado Paulista, afim de assistir á cerimonia da posse da primeira directoria da novel Associação dos Professores de Educação Physica.

Ao penetrar na sala da reunião, o dr. Antonio Bavina, director do Departamento de Educação Physica, recebeu grande ovação. S. s. foi convidado pelo sr. Idyllio de Alcantara Abbade, presidente eleito da nova entidade de classe, para presidir a reunião. Tomaram assento na mesa, representantes do governo, professores da Escola Superior de Educação Physica, d. Chiquinha Rodrigues, presidente da Bandeira Paulista de Alphabetisação, e membros da directoria eleita.

O alumno Mario de Miranda Rosa, nosso collega de imprensa, pronunciou, em nome da Associação de Alumnos da Escola Superior de Educação Physica, eloquente saudação aos primeiros directores da agremiação recem-fundada.

Falou a seguir o sr. José Benedicto Madureira, primeiro orador, que foi ouvido com muita attenção e, a seguir, o presidente sr. Idyllio de Alcantara que começou agradecendo sua escolha para, depois explanar-se nas seguintes considerações:

— "Em que consiste hoje, por força do homem? No pensamento, na acção, nas ideologias bem conduzidas, na luta da intelligencia contra a intelligencia.

E, para isto, meus senhores, é imprescindivel despertar na juventude o desejo de fazer de seu corpo, vigorosa morada de um espirito forte, viril e combativo, incapaz de desfallecimentos, nem resignações.

Quem resolve os destinos é a penna e não mais o canhão. Quem sustenta o governo é a palavra e não mais a espada. O canhão é ferro e fogo que pesa e mata; a penna é sopro que incendeia e ra-

A espada é aço que corta e assassina; a palavra é o verbo de Deus que abraza e transforma.

Para toda a mocidade, que deseja ser patriotica, só ha pois um dever: Ingressar na civilização, procurando contribuir para a creação de uma mentalidade nacional mais elevada e mais extensa que, condicionada pelo aperfeiçoamento physico da população, augmentará o valor de nossa personalidade e fará ao mundo a affirmação de nosso progresso e de nossa grandeza.

Nesta Associação devemos fundir as armas da luta, escrevendo, falando e praticando.

Aceitamos, pois, os cargos desta directoria, com a intenção de incrementar, na medida do possivel, essa preparação que o futuro reclama.

Contamos para isto com a cooperação illustrativa e orientadora de todos os technicos do Departamento de Educação Physica de S. Paulo, dos eminentes professores que constituem o conspicuo corpo docente da Escola de Educação Physica do Exercito, e de todos os verdadeiros patriotas e sinceros amantes da grandeza da nossa raça, e mais de que tudo, com a dedicação de todos vós que pertenceis á Associação dos Professores de Educação Physica.

De nós depende tudo; se não trabalharmos todos hade consequir-nos. E' indispensavel o aproveitamento das boas opportunidades. Essas opportunidades não podem ser um incentivo trazido pelo acaso, mas uma situação propicia creada pelos nossos proprios esforços.

A ausencia de vossa collaboração é, porém, contingencia com que não contamos, porque sois moços; e quem diz mocidade diz coragem, esperança, enthusiasmo, decisão.

Trabalhemos, pois, com nova energia, com novo sangue, cumprindo á risca o nosso programma.

Transformaremos a nossa Associação num arsenal, onde nos abastecerems de coragem para a luta. E tal ha de ser o nosso triumpho, que muitos annos depois, quando já cansados da batalha, olharmos para o passado, dentre as muitas recordações consoladoras deste presente — as da Associação dos Professores de Educação Physica, em primeiro lugar, nos encherão a alma de tranquilidade.

Ella surgirá em nossa mente como o brazeiro inicial dessa campanha que nos levou aos maiores sacrificios por S. Paulo.

Para este brazeiro convergirão os amigos da Patria, contribuindo com boa vontade e acção para o exito da luta.

Reunamo-nos, á sua volta e que elle fique entre nós como o coração commum de todos, marcando o rythmo do nosso enthusiasmo, inicio de grande arrancada, que nos espera a terra de Piratininga, para a gloria de São Paulo e a grandeza do Brasil".

A ESTATISTICA IMMOBILIARIA ENCERROU O

Arquivo da Apef de São Paulo

*Professor Moacir Daiuto. A "ACM", berço de seu interesse pela educação física. Sua compreensão acerca do Método Francês. A escola...*

"... Meu interesse pela Educação Física originou-se do meu ingresso na Associação Cristã de Moços, ACM, nos idos de 1928. Estava eu, então, com 13, 14 anos e meu interesse estendeu-se da ginástica calistênica – que era e continua sendo base do trabalho de atividade da ACM – ao vôlei e basquetebol. Alguns anos depois, em 1933, tendo feito o curso de líder que a ACM promove, tive despertado o interesse de ir para Montevidéu fazer o curso de Secretario das ACMs, tal era a minha motivação pela Educação Física. Encontrei um pouquinho de problema no início, porque sou filho único, meu pai já tinha concordado, mas pelo lado materno não estava fácil. E quando eu estava nesses preparativos, abriu-se, em São Paulo, o curso de Educação Física. Isso foi em 1934. Eu fui um dos primeiros a me inscrever. Daí por diante, fiz o curso completo. Na época, nós tínhamos por base como ginástica o Método Francês. Era a receita pra tudo. Hoje pode ser motivo pra crítica, mas na ocasião era totalmente benéfico e em muitas coisas acho que até hoje seria útil. Essa liberdade que se dá agora para escolha de técnicas tem sido mal interpretada por muitos professores e os planos de aula são muitas vezes de baixo nível. Aquelas exigências de tantos flexionamentos de braço, tantas repetições disto e daquilo, que eram obedecidas cegamente, hoje todos reconhecemos que é um absurdo. Mas tinha, por exemplo, uma coisa que eu nunca esqueci; eu gravei na memória uma fórmula que a gente usava pra não se esquecer das coisas, era Cagad: a lição devia ser Contínua, Alternada, Graduada, Atraente e Disciplinada. Até hoje isso deveria ser obedecido. Então, foram coisas boas que o Método Francês nos deu. Logo a seguir, começaram a surgir informações do Método Sueco, porque os professores que nós tínhamos eram, normalmente, ginastas estrangeiros, que passaram a se dedicar, pouco a pouco, à atividade docente. Os institutos de ginástica, de natação eram todos dirigidos por leigos, ex-praticantes ou ainda praticantes, mas sem aquela orientação pedagógica necessária. Passou-se a falar muito, então, na ocasião, do Método Natural de Hebert. E a fundamentação pedagógica da Educação Física surgiu, pra nós aqui no Brasil, mais ou menos nessa ocasião. Se não a fundamentação, pelo menos a preocupação com uma fundamentação pedagógica. Antes, me parece que não havia sequer a preocupação.

Bem... nosso curso era de dois anos e teve anos letivos irregulares. Iniciamos o curso em agosto. Isso porque os professores comissionados por Fernando de Azevedo para fazerem o curso no Rio só foram em 1933, porque em 1932 teve o problema da revolução. Aí eles voltaram em fins de 1933 e não deu pra começar o curso da nossa Escola no início de 1934. Então começou em agosto. Foram reduzidos os períodos de férias. Tanto assim que nós terminamos o curso em abril de 1936. Em 1934, por exemplo, nós passamos vinte e poucos dias no Rio, fazendo um curso de Biometria, pois aqui não havia condições de realizá-lo. A nossa turma, portanto, corresponde à formada em 1935, porque em fins de 1936, formou-se a segunda turma.

## ...da este mez a Escola Superior de Educa[ção]

Com o apoio dos poderes publicos, o Estado de São Paulo foi dotado de um dos maiores estabelecimentos de ensino technico destinado á formação physica de seus filhos — Os cursos da nova escola

Ainda não é bem conhecida a grande iniciativa que se leva a effeito presentemente em São Paulo, procurando-se dotar o nosso Estado de um curso especializado de educação physica.

Tal iniciativa não é nova, mas somente agora vem de entrar na phase de coisas concretas, preenchendo as finalidades a que se destina, de maneira a trazer para São Paulo um novo motivo de orgulho.

A Escola Superior de Educação Physica não é, como a muitos poderá parecer, obra de idialização futil. Ella será, ao contrario, a verdadeira organizadora das bases technicas da grande actividade que é dispersamente praticada e que tem merecido de todos os governos uma attenção expressiva, porque é de uma actuação directa e inestimavel na formação de um povo.

O Departamento de Educação Physica, dirigido pelo dr. Antonio Bayma, vem de conseguir a grande realização, com o apoio que o actual governo emprestou a iniciativa. Restaurado 16 de maio, o Departamento tratou de continuar na sua obra ha muito iniciada e agora apresenta a Escola Superior de Educação Physica que será num futuro não muito remoto o centro orientador e o coordenador do movimento da cultura physica no Estado.

A confiança que o governo vem de depositar no Departamento, será, de outra parte, o estimulo constante para que a iniciativa alcance sua finalidade, em toda a linha, dando a São Paulo homens capazes de formar uma juventude disposta as luctas.

### OS CURSOS DE ESCOLA SUPERIOR DE EDUCAÇÃO PHYSICA

A Escola Superior de Educação Physica conta com dois cursos regulares, um para instructores de gymnastica e outro para professores de educação physica, comprehendendo este o primeiro.

O curso para instructores de gymnastica conta com materias que farão dos instructores perfeitos conhecedores theoricos e praticos e em condições de ministrar os movimentos de maneira proveitosa segundo a capacidade physica de cada um.

O curso do 1.o anno comprehende as seguintes materias: Anatomia Humana, Physiologia Humana, Hygiene, Noções de Psychologia Educativa, Educação Physica, Noções de Orthopedia, Historia da Educação Physica.

Com esses conhecimentos e as aulas praticas poder-se-á contar, futuramente, com grande e perfeito corpo de instructores de gymnastica que somente provelto trará ás nossas organizações escolares, aos nossos clubes e entidades esportivas.

O 2.o anno forma o professor de educação physica, depois de haver feito o curso de instructor.

Neste curso ha as seguintes materias: Biologia, Orthopedia, Physicotherapia, Theoria e Pratica dos Esportes, Theoria e Pratica de Dansas Classicas e Rythmicas, Organização da Educação Physica Infantil, Organização, Administração e Direção de torneios, competições de gymnastica e esporte; Accidentes Esportivos suas prevenções e soccorros de urgencia.

### OS INSCRIPTOS

Apesar da pouca propaganda que se fez da Escola Superior de Educação Physica, pode-se considerar um successo o numero dos que em São Paulo se interessaram pelo assumpto, procurando inscripções nos cursos da Escola.

No primeiro anno acham-se inscriptos mais de 100 candidatos, além de ouvintes matriculados regularmente.

### OS PROFESSORES DA ESCOLA

Os professores da Escola Superior de Educação Physica foram designados entre os que melhor poderiam occupar os lugares, são todos elementos que vivem em contacto com os esportes e a educação physica em São Paulo, quer pela necessidade da profissão medica, quer pelos conhecimentos que possuem do desempenho da profissão de jornalistas especializados em educação physica e esportes.

O dr. Arne Enge, um dos professores, e que pertence ao quadro de redactor de esportes de um dos jornaes da Capital, vem de realizar uma visita ao centro de Educação Physica do Exercito, onde procurou pôr-se em contacto com a organização e apreciar os resultados já obtidos.

São professores ainda os drs. Francisco Pompeo do Amaral e dr. Americo R. Netto, ambos velhos investigadores das coisas da educação physica, sendo todos destacados elementos do Departamento de Educação Physica.

Os cursos deverão entrar em funccionamento ainda este mez, segundo nos informaram.

[ ]

Arquivo da Apef de São Paulo

No início da atividade da nossa Escola, os professores eram oriundos da Escola de Educação Física do Exército, civis, professores primários que haviam sido comissionados por Fernando de Azevedo para fazerem o curso no Rio de Janeiro. Mas os professores da parte teórica não tinham o curso de Educação Física, eram médicos, advogados, jornalistas etc. Aos poucos é que foram sendo incluídos no corpo docente da Escola os professores formados pela própria Escola. Por exemplo, eu comecei a lecionar em 1937; o Alaor, a Estela e eu, todos nós formados na Escola. É. Eu fui professor do Jarbas Gonçalves. E foi meu professor o Jarbas Figueiredo, que era professor de ginástica. De forma que a Escola aí começou a ter uma base sólida, não só na parte pedagógica como também na parte administrativa..."

Sua visão dos anos 1930... e hoje...

"... Olha, a interferência havida foi menor do que a existente atualmente. Eu não sei, parece que nós éramos suficientemente politizados ou pela idade ou por uma deficiência natural, sei lá... Já em 32 não; com o Movimento Constitucionalista, aí sim parece que a coisa acendeu pra todos nós.

No final dos anos 1930, início dos 1940, alguns conhecedores do assunto tornaram obrigatória a prática da Educação Física e essa obrigatoriedade (...) hoje a gente pode considerar como tendo sido um mal. Porque incutiu no espírito da criança que era obrigação fazê-la, não se preocupando em demonstrar para ela a necessidade de sua prática. Então, aquela obrigatoriedade impressionava mal a criança e também os seus pais, que já não tinham a oportunidade de perceber os seus benefícios e viam, às vezes, o filho perder o ano por ter faltado em Educação Física. Eu considero o grande passo dessa nossa Educação Física, hoje, o reconhecimento de sua necessidade pela população. É uma necessidade biológica como é a alimentação, como é o repouso. Hoje, o pessoal correndo na rua, essa procura imensa por academias (...) os pais insistem para que os filhos façam ginástica na escola, que ele não falte.

Bem... a integração da Educação Física com as outras disciplinas na Escola dependia muito do professor. Um bom professor de Educação Física, um idealista, era muitíssimo considerado na Escola, muito bem aceito pelos demais colegas. Um mal professor era quase pernicioso, porque era interpretado como alguém que fazia barulho. O outro não, o outro era o organizador do desfile de festa, colaborava na fanfarra, ele integrava aquela pequena comunidade, corpo docente, administrativo, discente. O professor de Educação Física era o denominador comum. Professor que trabalha, que é honesto, que aglutina..."

Sua visão do porquê da educação física no ensino superior...

"... Olha, eu teria preferido, antes disso, o desenvolvimento de um trabalho; vamos chamar, primário. Existe na lei e não existe na realidade. E a nossa Escola Pública, 1º grau, hoje tem um pouquinho, uma gotinha d'água, mas se tivessem sido criados, desde aquela época, o hábito e a consciência da importância da Educação Física, não haveria nem necessidade de torná-la obrigatória no ensino superior, porque o universitário iria naturalmente a ela. Com relação à sua presença no ensino superior, eu acho que, se não chegou a cumprir totalmente os objetivos perseguidos, deu bons resultados. Ela é mais recreativa do que qualquer outra coisa. A semana passada estive em Jaboticabal; estavam fazendo a final do campeonato universitário da Unesp. Tinha ali 14 cidades – parece que são 16 ou 19 *campi* da Unesp –, depois de ter havido a fase regional. Estavam lá seiscentos e tantos universitários, a abertura foi muito bonita, muito simpática, o pessoal sentindo-se bem. Há bons resultados. Aliás, lamento a USP não fazer um campeonato universitário. Por que não? Muito mais fácil do que o da Unesp. O nosso só teria cidades pra vir para cá..."

Os cursos de mestrado em educação física...

"... Outro dia me convidaram para organizar e coordenar um curso de mestrado na Unaerp, Ribeirão Preto. Quando eles me convidaram, pedi uns dias pra pensar. Eu fui raciocinar. Tenho muito boas amizades na Unesp, dei curso de especialização lá. Será que convém a eles organizar isso, promover?, pensei. Aí eu fiz o seguinte raciocínio: há 50 anos atrás, havia uma Escola de Educação Física. Hoje nós temos quase 100. Vinte, trinta anos atrás, não havia cursos de especialização. Hoje não se sabe quantos existem. Todo lugar tem um curso de especialização. Há 10 anos atrás, não havia, na América do Sul, mestrado em Educação Física. O professor daqui, se quisesse seguir a carreira, teria que fazer mestrado no exterior. Hoje nós temos mestrados no Brasil. Enfim, seguindo o que já houve em Educação Física, mestrado daqui a pouco vai existir em quantidade.

Qual a linha filosófica do curso? Bem, eu vou dar a minha. Eu, por exemplo, se alguém me vem 'ah! eu estava querendo fazer mestrado...', eu digo '... espere um pouco, você quer fazer pra quê? Pra ampliar seus conhecimentos? Então não faça. Pra ampliar seus conhecimentos vá fazer cursos de especialização. Você prefere seguir a carreira universitária? Pretende ser professor universitário? Aí então, faça o mestrado'. A base de tudo, ao meu ver, é essa. O indivíduo pretende ser professor universitário, deve fazer um mestrado e doutorado. Só pra ter o cartãozinho de visita, mestre disso, doutor daquilo, não. Quanto às linhas de pesquisa, às vezes, sinto algumas muito aéreas, coisas que não vão resultar em nada. Quando você está fazendo qualquer coisa, quer um trabalho que fique, que vá ser útil pra alguém, alguma coisa digna de estar em uma biblioteca. E alguns aí arranjam uns temas pomposos, fazem milhões de cálculos, levam pro computador... e não resulta em nada..."

## TENDÊNCIAS NA EDUCAÇÃO FÍSICA NO BRASIL

Ao longo desses últimos anos, desde o instante em que ingressamos no Programa de Pós-Graduação – Mestrado – da PUC/SP, até hoje, quando estamos prestes a dar por encerrada esta fase de nossa vida profissional, não nos limitamos a viver tão somente em função do cumprimento dos créditos acadêmicos e da elaboração desta Dissertação, nos fechando ao que, "lá fora", "no mundo", acontecia. Pelo contrário, nos envolvemos – de forma consciente, distante daquela própria a um ativismo inconsequente – com toda sorte de acontecimentos que, dada a peculiaridade desse período histórico, pipocavam em todo lugar. Recrudescia, também no âmbito da Educação Física, o interesse pelo debate a respeito do destino, do papel da Educação Física numa sociedade que, assim como ela, estava em crise.

Apenas a título de exemplo, discriminamos, a seguir, somente os "Primeiros Encontros" dos quais tivemos a oportunidade de participar, na condição de palestrante, num período de tempo compreendido entre o ano de 1983 e de 1987:

| EVENTO | PROMOÇÃO | PERÍODO DE REALIZAÇÃO |
|---|---|---|
| I Semana de Educação Física | Universidade Estadual de Maringá-PR | Agosto/83 |
| I Curso de Conscientização do Acadêmico e do Professor de Educação Física | Secretaria de Estado da Cultura e Esportes, Curitiba-PR | Novembro/83 |
| I Encontro Fluminense de Estudantes de Educação Física | Diretório Acadêmico de Educação Física da Universidade Federal Rural do Rio de Janeiro e Centro Acadêmico de Educação Física da UFRJ, Rio de Janeiro-RJ | Dezembro/84 |
| I Seminário de Apoio à Democratização da Escola | Divisão de Programas e Atividades Especiais da Secretaria Municipal de Educação, São Paulo-SP | Dezembro/84 |
| I Encontro Municipal de Professores de Educação Física | Secretaria Municipal de Educação, Belo Horizonte-MG | Junho/85 |
| I Encontro Paulista de Professores e Estudantes de Educação Física | Associação de Professores de Educação Física do Estado de São Paulo, São Paulo-SP | Agosto/85 |

| | | |
|---|---|---|
| I Encontro Brasileiro de Professores de Educação Física | Universidade Federal da Paraíba, João Pessoa-PB | Agosto/85 |
| I Encontro Nacional de Educação Física Escolar | SEED/MEC e Secretaria de Estado da Educação, Curitiba-PR | Novembro/85 |
| I Encontro Alagoano de Educação Física | Associação dos Professores de Educação Física do Estado de Alagoas e Diretório Acadêmico "Primeiro de Novembro" do Curso de Educação Física da Universidade Federal de Alagoas, Maceió-AL | Novembro/85 |
| I Seminário "Educação Física Escolar, uma Prática Educativa" | Secretaria de Estado da Educação, Curitiba-PR | Fevereiro/86 |
| I Encontro de Professores de Educação Física do Distrito Federal | Fundação Educacional do Distrito Federal-DF | Março/86 |
| I Encontro de Professores de Educação Física do Município | Secretaria Municipal de Educação, Aracaju-SE | Maio/86 |
| I Encontro USP/Unesp e Unicamp de Estudantes de Educação Física | Centro Acadêmico Educação Física FEF/Unicamp, Campinas-SP | Junho/86 |
| I Encontro de Ex-Estudantes, Estudantes e Professores de Educação Física da Universidade Federal de Mato Grosso | Universidade Federal do Mato Grosso, Cuiabá-MT | Agosto/86 |
| I Semana de Estudantes de Educação Física | Diretório Acadêmico da Escola Superior de Educação Física do Pará, Belém-PA | Agosto/86 |
| I Simpósio Baiano de Educação Física Infantil | "ECUUS" Promoções, Salvador-BA | Julho/87 |
| I Congresso Estadual de Professores de Escolas Superiores de Educação Física | Faculdades Integradas de Santa Cruz do Sul, Santa Cruz-RS | Outubro/87 |
| I Congresso Estadual de Educação Física Escolar | Associação dos Professores de Educação Física do Estado de São Paulo, São Paulo-SP | Novembro/87 |
| I Congresso Sergipano de Educação Física e Desportos | Universidade Federal de Sergipe, Aracaju-SE | Novembro/87 |
| I Encontro Estadual de Educação Física e Desportos | Secretaria de Estado da Educação e Cultura, Cuiabá-MT | Dezembro/87 |

Para que possamos, contudo, resgatar os primeiros sinais emitidos no interior da Educação Física na direção do restabelecimento de um debate interrompido abruptamente com o golpe de abril de 1964, temos que viajar de volta no tempo e nos localizar no ano de 1980, quando os ares de uma "abertura política" passaram a soprar, ainda que timidamente, acalentando as esperanças de democratização da sociedade, cujos segmentos sociais, em parcelas cada vez mais significativas, já vinham dando sinais, cada vez maiores, de insatisfação e cansaço de todos aqueles anos de autoritarismo. Foi portanto, no primeiro ano da década de 1980, que participamos da organização, em São Luís do Maranhão, do "Congresso Brasileiro de Ciências do Esporte – Região Norte/Nordeste", evento esse, realizado em setembro, promovido por uma instituição privada de cunho científico, fundada dois anos antes, em 1978, denominada *COLÉGIO BRASILEIRO DE CIÊNCIAS DO ESPORTE, CBCE*. Essa entidade contou, na promoção do evento, com o apoio da Secretaria de Estado de Desportos e Lazer do Maranhão e com recursos do Ministério de Educação e Cultura, liberados através da Secretaria de Educação Física e Desportos, SEED, a ele subordinado. O tema central proposto pela comissão organizadora tinha o seguinte título: "Desporto e Pobreza". A SEED/MEC, copatrocinadora do evento, deixou transparecer à comissão organizadora sua insatisfação quanto ao título central do Congresso. Pressões exercidas por ela, então, nos levaram a alterar o título para "Desporto em Regiões em Desenvolvimento", mais simpático aos seus olhos. Fazia parte da programação a realização paralela de cinco cursos. Para um deles – um dos dois reconhecidos pelo MEC – o de "Sociologia do Esporte", convidamos a socióloga Maria Izabel de Souza Lopes, então professora da PUC/SP e da Faculdade de Educação Física de Santo André, Fefisa. O referido curso, realizado dias antes do Congresso propriamente dito, teve influência marcante nos rumos das reflexões levadas a efeito no evento, o qual foi taxado, por representantes SEED/MEC nele presentes, de "um Congresso de comunistas".

Se tivemos de enfrentar – como realmente enfrentamos – alguns dissabores por aquela inconsequente afirmação,[4] tal situação nos fez

---

4. O então secretário de Desportos e Lazer, tendo sido comunicado pelos funcionários da SEED/MEC, presentes ao evento, do caráter do mesmo, se recusou a comparecer

aproximarmo-nos ainda mais, caracterizando-nos enquanto um grupo que, a partir daquela ocasião, passou a desenvolver um contato mais estreito e sistemático que deu origem, por um bom espaço de tempo, a ações conjuntas desencadeadas a partir de então.

Pois foi desse contato com a socióloga Maria Izabel, que tomamos conhecimento de um trabalho realizado por estudantes de Educação Física da Fefisa, através da disciplina "Sociologia", por ela ministrada naquele estabelecimento de ensino, que externava uma determinada leitura da Educação Física e Esportes no Brasil, que, embora calcada em princípios de inspiração Althusseriana, sustentadores da concepção dos Aparelhos Ideológicos do Estado enunciada por aquele teórico francês, significou, na época em que se deu, um avanço sobre uma leitura eminentemente acrítica, que então predominava no setor.

Portanto, foi uma visão crítico-reprodutivista permeando a leitura da realidade, que aqueles estudantes, em busca de respostas a respeito do papel da Educação Física e do Esporte na sociedade brasileira, desenvolveram um trabalho que, tendo por título "Afinal, o que é Educação Física no Brasil?", chegou a ser apresentado na "32ª Reunião Anual da Sociedade Brasileira para o Progresso da Ciência, SBPC", realizada naquele mesmo ano de 1980. Naquele trabalho, apresentado sob a forma de ilustrações que caricaturavam as situações alvo das análises, buscaram refletir a respeito de assuntos que, em síntese, questionavam a formação do profissional em Educação Física no Brasil, que, por vir se dando sob inspiração tecnicista, tinha obstacularizadas as possibilidades de fazer surgir consciências que pudessem ler a realidade brasileira, pelas lentes da Educação Física e Esportes, para além daquilo que a aparência traduzia.

Dentre esses assuntos, realçaram aquele concernente ao mito do Esporte enquanto meio de ascensão social, através do qual, a visão dominante, servindo-se de exemplos isolados como Pelé, Sócrates, João do Pulo buscam justificar a ascensão social por meio do esforço individual e do talento, segundo eles, inato ao Homem e por isso mesmo nele fluindo

---

ao seu encerramento, surgindo a necessidade de se levar à sua residência os certificados de participação dos congressistas, para que ele, contrafeito, os assinasse.

naturalmente e não por razões de ordem sociocultural. Ao prevalecer tal entendimento – denunciam no trabalho, os estudantes – figurar-se-ia a utilização do Esporte no mascaramento da estratificação, em classes sociais, da estrutura da nossa sociedade, daí originando-se o reforço ao ocultamento dos conflitos dela derivados face aos interesses antagônicos que permeiam as relações sociais numa sociedade classista.

Outro assunto por eles desenvolvido dizia respeito ao descompromisso com os interesses da maioria da sociedade brasileira, presente nas atividades propostas "Esporte para Todos", "EPT", evidenciada no apoio dado, por exemplo, aos "passeios a pé" em contrapartida à repressão imposta às "passeatas", "passeios a pé" com cunho político. Na busca de desmascarar o caráter pretensamente apolítico que revestia as práticas incentivadas pelo EPT, perguntavam, embutindo nas perguntas a evidência de que haviam descoberto as respostas: "As duas atividades descritas faziam as pessoas caminharem... não era essa a intenção da atividade, fazer as pessoas caminharem, porque, segundo o discurso oficial, caminhar faria bem à saúde? Por que, então, uma caminhada – aquela do EPT – tinha apoio, recebia recursos governamentais, cobertura dos meios de comunicação de massa e a outra – a de cunho político – era cerceada, reprimida, muitas das vezes violentamente?..."

Caderno distribuído aos presentes por ocasião da 32ª Reunião Anual da Sociedade Brasileira para o Progresso da Ciência – SBPC – 1980 – Comunicação apresentada pelos alunos da Fefisa

"PASSEIO A PÉ"...
"AS ATIVIDADES ESPORTIVAS E RECREATIVAS SÃO ELITISTAS."
AQUILO LÁ EM BAIXO NÃO É O PARAÍSO NÃO, DIABO. É UM CLUBE... SEVERINO

ESCOLA... FIRME!
DIREITA... VOLVER!
ESQUERDA... VOLVER!
MEIA VOLTA... VOLVER!
ESCOLA... DESCANSAR!
MUITO BEM CRIANÇAS, VAMOS COMEÇAR AS ATIVIDADES LIVRES... E LEMBREM-SE QUE VOCÊS TÊM APENAS 10 minutos.
"A LIBERDADE¹ NA EDUCAÇÃO DESAPARECEU, CONSEQUENTEMENTE NA ED. FÍSICA TAMBÉM.
EM SEU LUGAR SURGIRAM AS ATIVIDADES RECREATIVAS OBRIGATÓRIAS
1 LIBERDADE PARA CAIR
NÃO, TÔ INDO PEGÁ A CONDUÇÃO
"AS CLASSES MENOS FAVORECIDAS NO MUITO SÃO PLATÉIA DE ESPETÁCULO$ DESPORTIVOS!

Educação física no Brasil 159

Ao tempo em que os alunos da Fefisa explicitavam uma tomada de posição frente à realidade por eles constatada, germinava num outro grupo de estudantes, presentes ao 31º Congresso da UNE – União Nacional dos Estudantes – a ideia da realização do Eneef – Encontro Nacional dos Estudantes de Educação Física. Sem o saberem, estavam eles repetindo um gesto que, 24 anos antes, num Congresso da UNE, dera margem à criação da União Nacional dos Estudantes de Educação Física. O Eneef teria a finalidade de – conforme palavras contidas num histórico dos Eneefs elaborado pela Executiva Nacional, instância maior da sua estrutura organizacional – "... reunir o maior número possível de estudantes de Educação Física, para analisar e discutir os problemas da Educação Física em geral e encaminhar as propostas ou conclusões para o maior número de diretórios acadêmicos possível e estes, por sua vez, procurar fazer as discussões em suas Escolas...".

O I Eneef foi realizado naquele mesmo ano, em dezembro, na Bahia. Nele, foram discutidos os seguintes temas: "Conjuntura da Política Nacional"; "A participação do professor e do estudante de Educação Física nas entidades"; "A problemática dos cursos de curta duração", além de outros que fluíram ao longo do evento.

Pessoalmente, tivemos a oportunidade de participar, na condição de palestrante, do V Eneef, realizado em Florianópolis/SC, no ano de 1984; do VI, realizado no ano seguinte em João Pessoa/PB, e do VII, realizado em Curitiba/PR, no ano de 1986.

Hoje, encontra-se ele em sua IX versão, prevista para realizar-se em agosto deste ano, em Recife/PE. Ano passado, no Rio de Janeiro, deu-se a realização do VIII. O II, III e IV foram realizados nos anos de 1981, e 83, respectivamente em Goiânia/GO, Vitória/ES e Juiz de Fora/MG.

Em 1985, por solicitação do então estudante de Educação Física, hoje professor, Cesar Rios Leiro, baiano de Salvador, que estava imbuído do propósito de preservar a memória da história recente do Movimento Estudantil na Educação Física no Brasil, escrevi tecendo comentários acerca de minha compreensão dos rumos do Movimento Estudantil na Educação Física a partir dos Eneefs. Como, passados aproximadamente três anos, nossa posição explicitada naquela ocasião permanece, a nosso ver, repleta de sentido no momento atual, descrevemos, a seguir, parte da carta a ele endereçada datada de 23 de setembro:

> ... Em 1980, Salvador, Bahia; em 1981, Goiânia, Goiás; em 1982, Vitória, Espírito Santo; em 1983, Juiz de Fora, Minas Gerais. A esses 4 Eneefs, acompanhei "de longe". Em 1984, então, fui convidado a falar no V Encontro em Florianópolis, Santa Catarina. Nele pude constatar o seu caráter de fórum de luta por uma Educação Física a serviço da transformação da sociedade brasileira, caráter esse que se espelhou novamente na sua sexta versão, este ano, em João Pessoa, Paraíba.
> Logo após retornar de Florianópolis, escrevi ao professor, Filósofo e Amigo Manuel Sérgio (12/9/84). A certa altura da carta destinada a encontrá-lo em Lisboa, Portugal, assim me expressei: ...acabo de regressar de Florianópolis, capital de Santa Catarina, por onde estive participando do V Eneef (...) O que vi e assisti encheu-me de força e esperança. De repente ali estavam reunidos cerca de 600 alunos de Educação Física vindos de todas as partes do país,

Educação física no Brasil 161

discutindo o compromisso social do profissional de Educação Física, com uma maturidade e postura crítica jamais vista ou sentida nos inúmeros Encontros e Congressos de professores de Educação Física por mim presenciados. Não tenho dúvidas de que as pessoas, hoje na condição de alunos, num futuro bem próximo estarão contribuindo decisivamente para a sedimentação de uma nova postura profissional na Educação Física brasileira... Parece-me claro – continuávamos a dizer na carta ao Cesar – que o Eneef, hoje, alcançou proporções a princípio inimagináveis por aqueles que o idealizaram. Ele cresceu, e hoje, não mais criança, já adolescente, se ressente de uma outra forma organizativa que lhe propicie possibilidades de existência não mais de caráter espasmódico, eventual (uma vez por ano). Ressente, hoje, o Eneef, a ausência de uma estrutura que o entenda não mais como acontecimento esporádico, mas sim como um verdadeiro MOVIMENTO representativo da parcela cada vez mais significativa de estudantes de Educação Física. Sente falta ele, hoje, em sua adolescência, de formas de organização que lhe garantam alcançar a idade adulta com força bastante para se fazer ouvir no cenário sociopolítico-educacional brasileiro. Formas de organização que lhe possibilite elaborar e sistematizar (...) as reflexões levadas a efeito em seus Encontros Nacionais, assimilando-as e desenvolvendo, a partir dessa assimilação – no interregno de um evento e outro – um posicionamento crítico que garanta a passagem de uma postura de simples oposição para uma tomada consequente de posição, nas coisas que digam respeito à Educação Física, à Educação e ao papel de instrumento de transformação social...

Todavia, se por um lado, o multiplicar de espaços propícios à proliferação dos debates que vêm se sucedendo a nível nacional, reflete o anseio da comunidade da área – estudantes, professores e demais profissionais – em se envolver nas discussões em torno das políticas sociais próprias ao setor da Educação Física e Esportes, explicita também, por outro lado, o fato de os mesmos não terem sido por si só suficientes para fazer com que a categoria mais do que ouvida em seus reclamos, fosse, de fato, atendida em suas reivindicações. Isso porque, nos parece claro, a questão do atendimento aos anseio de um determinado segmento da sociedade – mesmo quando esses anseios se encontram comprometidos com os interesses da sociedade em seu conjunto – diz respeito muito mais ao poder político desse segmento do que propriamente à correção de suas sugestões. Nesse sentido, entendemos que o *poder político de uma categoria profissional* corresponde à capacidade de organização e mobilização que ela, através das entidades que a representam, demonstra possuir, bem como ao grau de autonomia por ela exercitado perante os órgãos governamentais, autonomia essa manifestada através de ações concretas que reflitam seu total desatrelamento dos setores oficiais. Dimensiona-se esse poder político, de maneira proporcional, ao sentido das lutas por ela levadas a efeito, tanto mais quanto maior for o seu discernimento de que a soma dos interesses da categoria não pode sobrepujar à soma dos interesses da sociedade em seu conjunto. Assim, entendemos que a expressão de legitimidade desse poder político corresponde, em última instância, à capacidade que essa categoria profissional demonstra possuir, de oferecer respostas – naquilo que estiver circunscrito ao âmbito de seu exercício profissional – às necessidades sociais, pois compreendemos que o grau de respeitabilidade obtido por determinada categoria profissional junto à sociedade é equivalente ao nível de importância e qualidade dos serviços por elas oferecidos.

Pois a ausência do sentido dado há pouco aos atributos mencionados e anunciados como fomentadores de legitimidade e poder político a uma determinada categoria profissional fez-se sentir em praticamente toda a existência das entidades representativas dos profissionais da Educação Física no Brasil, tanto a nível estadual – no qual pontificam as Apefs – Associações de Professores de Educação Física – quanto nacional, no qual desponta a FBApef – Federação Brasileira das Associações de Professores de Educação Física.

Valerem-se dos "próprios públicos" para neles estabelecerem suas sedes, vincularem suas iniciativas àquelas desenvolvidas pelos governos – não importando de que matiz político-ideológico –, aplaudirem afoitamente atos oficiais, mancomunando-se com eles, estabelecerem relações com seus associados de forma mais compatível com aquela obedecida pelas associações recreativas e/ou assistencialistas, do que às de natureza sindical, caracterizam ações identificadas com os procedimentos adotados pela maioria dessas entidades, ao longo desses anos. Em 1985, por ocasião do processo eleitoral desencadeado na Apef/SP, com vistas à eleição da Diretoria para a gestão 86/88, o periódico *Corpo & Movimento*, editado por aquela Associação, fez publicar, na seção "Debates", a visão que as duas chapas inscritas no pleito tinham de questões afetas à entidade. Em uma dessas questões – aquela referente à "opinião sobre a atual Diretoria" –, a Chapa Independente", com a qual nos identificávamos, respondeu de uma maneira que, a nosso ver, pode, sem necessidade de significativas adaptações, ser estendida, ainda hoje, à maioria das Apefs: "... Em nosso entender, caracterizou-se a atual gestão (...) pela total ausência de caracteres político-ideológicos claros (embora esses, pelo simples fato da impossibilidade da existência da neutralidade política, permeassem as ações por ela levada a efeito). Tal fato explica-se, a nosso ver, pelo cunho personalista dado à gestão pelo seu presidente, fazendo-a gravitar em torno de sua pessoa, com a aquiescência e/ou omissão de grande parte de sua diretoria, o que a torna tão responsável quanto. É através da exacerbação desse personalismo, associado a uma postura política de cunho conservador, autoritário, que se entende o caráter essencialmente centralizador do poder que deu coloração à gestão em análise. Por sua vez, os arremedos de aproximações com outras entidades representativas da categoria dos professores, esboçadas nessa gestão, (...) vincula-se muito mais às contingências do momento histórico que estamos vivendo nesses últimos anos do que propriamente a uma consciência que refletisse o reconhecimento da importância da organização dos trabalhadores, como alavanca fomentadora de transformações sociais. Dessa forma, pela falta de criticidade às ações desenvolvidas, vimos ratificadas práticas demagógicas que induziram à alienação em vez de conduzir à conscientização...".[5]

O desprovimento das entidades representativas da categoria profissional dos professores de Educação Física, de seu sentido político, também se fez sentir na ocasião em que o Brasil serviu de sede à CONFEDERAÇÃO SUL-AMERICANA DE ASSOCIAÇÕES DE PROFESSORES DE EDUCAÇÃO FÍSICA, CSApef. Fundada em 1950, em Buenos Aires, Argentina, por ocasião da "1ª Reunião de Associações de Professores da América do Sul" – à qual estiveram presentes, além do

---

5. *Corpo & Movimento*, ano II (5), nov. 85, p. 10.

representante do país-sede da Reunião, delegados das Associações de Professores de Educação Física da Colômbia, do Chile, do Uruguai e do Brasil – representado pela Apef/SP e... FBApefs –, a CSApef, por resolução aprovada naquela Reunião, deveria ser presidida, num período de dois anos, por representantes dos países sul-americanos, segundo o critério de ordem alfabética na definição da sequência a ser obedecida na troca das gestões. De março de 1950 a março de 1952, a Confederação foi presidida por representantes da Argentina. De março de 1952 a março de 1954, coube ao Brasil presidi-la, na pessoa do então presidente da FBApefs, professor Mário Nunes de Souza.

Falando sobre esse episódio, em entrevista a nós, concedida em sua residência, o professor Mário Nunes se expressou dizendo que "... a fragilidade política das Apefs e da FBApefs fez com que o Brasil deixasse de assumir, naquela ocasião, um papel altamente relevante nos destinos da Educação Física e dos Esportes em toda a América do Sul...", papel esse somente resgatado, em sua opinião, em 1977, "... quando a Escola de Educação Física da Universidade de São Paulo deu origem ao 1º mestrado em Educação Física da América Latina, do qual tive a honra de ser o primeiro coordenador, participando das articulações políticas que se fizeram necessárias para a sua criação...". Para ele, "... o professor de Educação Física sempre se viu como um ser apolítico e por isso relutante em envolver-se nas questões de natureza política, não significando isso que não assumisse posições políticas, muitas das vezes, na maioria delas, mesmo, inconscientemente...". O caráter da existência da CSApef, bem como dos objetos por ela perseguidos, inclusive com a orientação seguida em seu período de direção brasileira, estão revelados nessa reportagem publicada pelo jornal "A Noite", em edição de janeiro de 1952:

> **A NOITE** — São Paulo, Quarta-feira, 23
>
> ## Presidirá o Brasil a Confederação Sul-Americana de Prof. de Ed. Física
>
> Assembléia geral, em fevereiro próximo, em Buenos Aires — Fala à reportagem o professor Mario Nunes de Souza
>
> Notícia alvissareira para os professores da educação física de São Paulo e do Brasil esta que nos dá o professor Mario Nunes de Souza: este ano caberá ao nosso país dirigir a entidade máxima de âmbito sul-americano.
>
> No próximo mês de fevereiro será realizada, em Buenos Aires, a assembléia geral, que tratará do assunto, apenas formalmente, pois, de acordo com os estatutos da entidade, a sua presidência, por dois anos, caberá ao Brasil.
>
> **ASSEMBLEA GERAL EM 15 DE FEVEREIRO**
>
> Disse o professor Mario Nunes, atual presidente da Federação Brasileira de Associações de Professores de Educação Física:
>
> — «Como é do conhecimento público, em março do ano de 1950, realizou-se em Buenos Aires uma reunião das Associações de Professores da América do Sul, com o propósito de fundar a Confederação Sul-Americana de Associações de Professores de Educação Física. Tivemos a honra de representar o nosso país nesse certame, cujo exito foi inegável. Assim, ficou fundada a C. S. A. P. E. F., tendo como sede inicial a cidade de Buenos Aires. A presidência da Confederação caberá, cada dois anos, a um dos países que a integram. Em março deste ano, deveria ser realizada, naquela capital, a assembléia geral, tendo como ordem do dia, a apresentação do relatório dos trabalhos desenvolvidos durante esse período, e a passagem da presidência para a Federação Brasileira de Associações de Professores de Educação Física. Atualmente, a presidência da Federação Brasileira está em São Paulo, em nossas mãos, portanto, e deverá, por esse motivo, a da Confederação vir para São Paulo. Aproveitando a minha viagem de recreio à Argentina, o atual presidente da Confederação, professor Enrique Romero Brest, antecipou a data da assembléia geral para o próximo dia 13 de fevereiro. Desta forma, naquela data, receberei a presidência da Confederação Sul-Americana, trazendo-a para São Paulo, fato que muito nos honra.»
>
> *O prof. Mario Nunes de Souza, quando falava ao nosso redator*

Arquivo da Apef de São Paulo

Assim como outras entidades representativas de categorias profissionais, também a FBApef recolheu-se timidamente a um canto das prateleiras da história, nos momentos que se seguiram ao golpe de 1964. Não por se sentir intimidada, pois nada havia em sua prática que a fizesse malvista aos olhos dos detentores do poder, mas sim pela ausência de incentivos à continuidade de seus trabalhos, incentivos esses que não deixaram de existir nos anos do Estado Novo. Mais tarde, ainda na primeira metade dessa década, foi também aproveitando o embalo da história que ressurgiu em cena. Porém, se muitas dessas entidades reapareceram movidas pelas lutas da categoria que representavam, não foi esse, a nosso ver, o motivo que norteou o retorno à atividade da FBApef.

Segundo nosso entender, a FBApef ressurgiu, em 1984, graças aos esforços – nem um pouco desinteressados – daqueles que circulavam em torno do "Esporte para Todos", EPT, esforços esses despendidos face à necessidade que tinham e pela possibilidade que viam, de fazer da Federação e das Apefs canais valiosíssimos de propagação dos ideais inerentes ao EPT. Salvo raríssimas e honrosas exceções – que por si só servem para confirmar a regra –, quase a totalidade das Apefs não estendeu a seus associados, a possibilidade de debate a respeito da validade ou não do renascer, naquele momento histórico, da FBApef, circunscrevendo-se tal debate, ao âmbito das diretorias das entidades estaduais, assemelhando-se os mesmos a atitudes muito mais próximas a "ações entre amigos" buscando atender a interesses particulares de pessoas ou facções, do que propriamente os da categoria dos profissionais de Educação Física como um todo.

Ainda com relação ao episódio do seu ressurgir, lembramos que, quando os convidados pela Subsecretaria de Esporte para Todos, da Secretaria de Educação Física e Desportos do Ministério de Educação e Cultura – SUEPT/SEED/MEC – foram chamados a discutir a questão (primeiro em Mogi das Cruzes/SP, lá sendo definido o Congresso do EPT em Belo Horizonte/MG, como o fórum ideal para a legitimação da ideia), a maioria dos ali presentes, "representantes" das Apefs, explicitou um posicionamento personificado e não aquele outro amadurecido em debates com os seus "representados", pois tais debates... não existiram.

Lembramo-nos ainda, inclusive, da pretensão descabida, felizmente vencida, compartilhada por muitos daqueles convidados a se fazerem presentes em Mogi das Cruzes e posteriormente em Belo Horizonte, de dar ao documento a ser elaborado como forma de "selar" os compromissos assumidos por ocasião do Encontro o cunho de "Manifesto Nacional dos Professores de Educação Física", assim não ficando caracterizado, em razão de pressões que vieram a sofrer por parte de outros profissionais atentos ao que lá acontecia, pressões essas que denunciavam a prepotência e ilegitimidade de tal pretensão, fazendo-os ceder e contentarem-se com a elaboração e divulgação da "Carta de Belo Horizonte", expressão, essa sim, legítima daqueles que lá estavam presentes e a subscritaram, tão legítima quanto a "Carta de Carpina/PE", que, assim como a de Belo Horizonte, sintetiza as ideias daqueles que a assinaram, não se creditando o direito de falar desavisadamente em nome dos "Professores de Educação Física do Brasil".

Assim, o fato de estarem presentes, por ocasião da eleição da primeira Diretoria da FBApefs – pós-64 – professores dos mais distintos "cantos" do país, não significa dizer que esses mesmos "cantos" estivessem ali representados, pois aqueles professores, para serem legítimos representantes de seus pares, em seus Estados de origem, deveriam ter sido por eles escolhidos, escolha essa que deveria surgir ao final de um processo de discussão radical – no sentido de profundidade acerca da organização dos professores de Educação Física a nível de Brasil, discussão essa que, sem dúvida, jamais existiu.

A ausência sentida de legítimos parâmetros para a escolha dos delegados das Associações estaduais reflete, a nosso ver, algo mais sério do que o simples acaso da inexistência de prévias discussões em torno das questões a serem deliberadas em reuniões convocadas pela Federação. Reflete, acima de tudo, a forma mesmo de entendimento do significado de *Participação*, de *Representação*, de *Organização* e *Mobilização* que grassa, hegemonicamente, em nosso meio.

Fica-nos claro que qualquer compromisso com um projeto de transformação social passa pela negação dessa forma espúria e retrógada de entendimento da condução do processo de organização política de uma categoria profissional e pela afirmação de um outro nível de compreensão desse processo, qual seja, aquele de cunho estratégico, que tem por fim a organização da Classe Trabalhadora em prol do alcance de mudanças estruturais no modelo de sociedade no qual a brasileira se inspira. Tal entendimento começa a se fazer presente, de forma mais marcante, na Educação Física no Brasil, situando-se num quadro de lutas que ora vem se acirrando em seu interior.

> *... Mas é preciso ter força*
> *É preciso ter raça*
> *É preciso ter gana*
> *Sempre...*
> Milton Nascimento

Por tudo aquilo que até este instante expusemos, nos sentimos em condições de afirmar existir hoje, na Educação Física no Brasil, um movimento que pode ser dimensionado à luz da análise de três tendências identificada na Educação Física brasileira.[6] Uma que se apresenta na sua *Biologização*. Caracteriza-se por reduzir o estudo da compreensão e explicação do Homem em movimento apenas a seu aspecto biológico, dissociando-o – como se fosse possível fazê-lo sem incorrer-se em equívocos teóricos danosos e irremediáveis – dos demais aspectos que caracterizam o movimento humano, antropologicamente considerado. Tal "reducionismo biológico" configura-se na ênfase exacerbada às questões afetas à *performance* esportiva, à correspondente na Educação Física, à ordem da produtividade, eficiência e eficácia inerente ao modelo de sociedade com a qual a brasileira encontra identificação, como aliás já tivemos a oportunidade de dizer em uma outra passagem, neste trabalho. Reflete, assim, a referida tendência a presença sempre marcante da categoria médica na Educação Física em nosso país. Percebe saúde somente em seus aspectos biofisiológicos, não acompanhando o conceito difundido pela Organização Mundial da Saúde, que trabalha a ideia de "Saúde Social". Sua forte influência é também perceptível na simples constatação do significativo percentual de disciplinas da área médica – que compõem as grades curriculares dos mais de cem cursos superiores de Educação Física em funcionamento à época do lançamento deste livro – em relação às das demais áreas, bem como através da análise da maneira pela qual as disciplinas inerentes às áreas ditas "pedagógicas" e "técnico-profissionalizantes" dão trato à questão do Movimento Humano e que pode, por sua vez, ser facilmente constatado pelo passar d'olhos sobre aquilo que é majoritariamente produzido pelos especialistas no país.

Outra tendência pode ser reconhecida como aquela que se traduz na *Psicopedagogização* da Educação Física. Explica-se no "reducionismo psicopedagógico", que se caracteriza pela análise das instituições sociais – a Escola, por exemplo – enquanto "sistemas fechados", forjando formulações

---

6. Em dezembro de 1984, por ocasião do "II Encontro Mineiro de Ciência do Movimento" e "Congresso Regional de Ciências do Esporte", discorri, pela primeira vez, sobre esse tema, voltando a fazê-lo na 37ª Reunião Anual da SBPC, realizada em julho de 1985, em Belo Horizonte/MG.

abstratas, a-históricas de "criança", "Homem", "idoso", como que se existissem "em si mesmos", ao largo das influências das relações sociais de produção que se fazem presentes na sociedade em que se encontram inseridos, ("... ser criança é um privilégio!..." é uma expressão costumeiramente cunhada por representantes dessa tendência). Tal reducionismo psicopedagógico responde, na Educação Física, às imposições decorrentes da "Teoria do Capital Humano" – que encontrou eco nas políticas educacionais brasileiras, notadamente em fins da década de 1960, início da de 1970 – uma das responsáveis pela observância do predomínio das concepções pedagógicas de cunho "tecnicista", que primam pelo seu caráter fomentador de formação acrítica, tão somente centrada na busca de capacitação técnico-profissionalizante, originária de mão de obra qualificada.

Poder-se-ia, através de uma leitura superficial, apostar-se na contraposição desta tendência à da Biologização. Porém, tal entendimento não suportaria o crivo de um posicionamento menos sincrético, mais a nível do "concreto pensado". A apenas aparente contraposição e essencial identificação entre as duas tendências explica-se pelo fato de, tanto uma como a outra, integrarem o quadro das concepções acríticas de Filosofia da Educação, lançando-se mão, aqui, da classificação formulada por Saviani. Fortemente "molhadas" por uma teoria e prática tecnicista, trazem em si uma influência da filosofia neopositivista que as fazem portadora de posturas identificadas com a ideia da neutralidade científica. Não se apercebem que, ao assim se posicionarem, deixam de atentar para os "objetivos do conhecimento", colocando-se e colocando-o, com esse proceder, a serviço do *status quo*.

Porém, uma terceira tendência começa a ganhar corpo no cenário da Educação Física no Brasil. Para ela, educar caracteriza-se como uma ação essencialmente política à medida que busca possibilitar a apropriação, pelas Classes Populares, do saber próprio à cultura dominante, instrumentalizando-as para o exercício pleno de sua capacidade de luta no campo social. Trata-se, portanto, no concernente à Educação Física no Brasil, de apostar na imperiosidade de traduzir o acesso ao saber – produzido, sistematizado e acumulado historicamente – pelas Classes Subalternas, nas "coisas" pertinentes à Motricidade Humana, através da socialização do corpo de conhecimento existente a respeito do conhecimento do Homem em movimento.

Interessa, portanto, a esta terceira tendência, que se respalda na Concepção Histórico-Crítica de Filosofia de Educação, veicular o entendimento de que o *Movimento* que privilegiam enquanto elemento por excelência da Educação Física reveste-se de uma dimensão humana, uma vez que extrapola os limites orgânicos e biológicos em que comumente se enquadra a atividade física, pois o Homem é um ser eminentemente cultural e o movimento humano, por conseguinte, representa um fator de cultura, ao mesmo tempo em que também se apresenta como seu resultado.[7]

Buscam, enfim, tratar a Educação Física como sendo a área de conhecimento responsável pelo estudo acerca dos aspectos socioantropológicos do movimento humano. Ao assim fazê-lo, evidenciam o entendimento que possuem de *Consciência Corporal*. Não se trata tão somente – dizem – de saber a respeito da anatomia do corpo humano. Nem tampouco prender-se unicamente ao estudo de sua biomecânica. Mas sim, e essencialmente, de entendermos que aquilo que define a Consciência Corporal do Homem é a sua compreensão a respeito dos signos tatuados em seu corpo pelos aspectos socioculturais de momentos históricos determinados. É fazê-lo sabedor de que seu corpo sempre estará expressando o discurso hegemônico de uma época e que a compreensão do significado desse "discurso", bem como de seus determinantes, é condição para que ele possa vir a participar do processo de construção do seu tempo e, por conseguinte, da elaboração dos signos a serem gravados em seu corpo.

Como se percebe, dois blocos de tendências distintos, antagônicos, se configuram. Um, composto com a Biologização e a Psicopedagogização da Educação Física; outro, com uma proposta transformadora de sua prática. Análises de conjuntura demonstram-nos que a tendência que trabalha a concepção transformadora da prática da Educação Física vem conquistando e ocupando espaços cada vez maiores na busca do estabelecimento de uma correlação de forças que lhe permita desestabilizar o quadro hegemônico mantido pelas outras tendências...

---

7. A esse respeito, ler "O homem e a cultura", de Alexis Léontiev. *In: Desporto e desenvolvimento humano*, pp. 47-74.

... Profissionais da Educação Física que se posicionam à luz dessa tendência emergente não são muitos. Esperamos que não por muito tempo. Porém, carregam eles a percepção da necessidade de terem sempre presente em suas práticas a certeza de que as atividades corporais devem se configurar como instâncias nas quais o Homem aprenda a construir uma sociedade justa. Isto porque estão convictos de que, enquanto profissionais da Educação Física, estarão a mais se não colaborarem – conforme expressão cara a Manuel Sérgio – na construção de "Homens capazes de transformar o tempo em que vivem".

Bem... Mas isso fica para uma outra história...

# BIBLIOGRAFIA

ALENCAR, Francisco *et al.* (1983). *História da sociedade brasileira.* 2ª ed. Rio de Janeiro: Ao Livro Técnico.

ARENO, Waldemar (1941). "Higiene e saúde". *Educação Física* (53), pp. 40-42.

AZEVEDO, Fernando de (1960). *Da educação física.* 3ª ed. São Paulo: Melhoramentos.

_____ (1920). *Da educação physica: O que ella é; o que tem sido, o que deveria ser.* 2ª ed. Rio de Janeiro: Weiszflog.

BERGO, Antonio Carlos (1979). "O positivismo como superestrutura ideológica no Brasil e sua influência na educação". Dissertação de mestrado. São Paulo: PUC.

BRASIL (1976). "Escola Superior de Guerra". *Manual básico.* Brasília.

_____ (s.d). Ministério da Educação e Cultura. Secretaria de Educação Física e Desporto. *Legislação desportiva.* Brasília.

BRECHT, Bertolt (1986). *Poemas: 1935-1956.* 2ª ed. São Paulo: Brasiliense.

CANTARINO FILHO, Mário Ribeiro (1982). "A educação física no Estado Novo: História e doutrina". Dissertação de mestrado. Brasília: UnE.

CARDOSO, Irede (1981). "O mito do Sísifo". *Folha de S.Paulo*, 13 de dezembro (Folhetim 256).

CASTELLANI FILHO, Lino (1983). "A (des)caracterização profissional-filosófica da educação física". *Revista Brasileira de Ciências do Esporte* 4(3), pp. 95-101.

_____ (1982). "Ensaio sobre a mulher brasileira face a legislação da educação física e do desporto". *Desporto e Lazer* (8), pp. 18-21.

_____ (1985). "O esporte e a Nova República". *Corpo & Movimento* (4), pp. 7-10.

COSTA, Jurandir Freire (1983). *Ordem médica e norma familiar*. 2ª ed. Rio de Janeiro: Graal.

COVRE, Maria de Lourdes Manzini (1983). *A fala dos homens: Análise do pensamento tecnocrático*. São Paulo: Brasiliense.

FEIO, Noronha (1978). *Desporto e política: Ensaios para a compreensão*. Lisboa: Compendium.

FIGUEIREDO, José de Lima (1942). "A educação física e o exército". *Estudos e Conferências*. Rio de Janeiro: Departamento de Imprensa e Propaganda, pp. 21-30.

FOUCAULT, Michel (1985). *Microfísica do poder*. 5ª ed. Rio de Janeiro: Graal.

FRIGOTTO, Gaudêncio (1984). *A produtividade da escola improdutiva*. 2ª ed. São Paulo: Cortez/Autores Associados.

GONÇALVES, José Antonio Pires (1971). *Subsídios para implantação de uma política nacional de desportos*. Brasília: Horizonte.

LENHARO, Alcir (1986). *Sacralização da política*. Campinas: Papirus.

LENK, Maria (1943). *Organização da educação física e desportos*. 2ª ed. Rio de Janeiro: Imprensa Nacional.

LÉONTIEV, Alexis (1977). "O homem e a cultura". *In: Desporto e desenvolvimento humano*. Lisboa: Seara Nova, pp. 47-74.

LOURENÇÃO, Odette (1953). "Diferenças psicofisiológicas do sexo e sua importância para a educação física". *Revista da Associação dos Professores de Educação Física* 1, São Paulo, pp. 14-19.

MANACORDA, Mário Antonio (1976). *Marx y la pedagogía moderna*. Roma: Riuniti.

MARINHO, Inezil Penna (1945). Os *clássicos e a educação física*. Rio de Janeiro: Educação.

_____ (1952-53). *História da educação física e dos desportos no Brasil*. Rio de Janeiro: DEF-MES, vol. 4.

_____ (1980). *História geral da educação física*. 2ª ed. São Paulo: Brasil Ed.

MARTINS, Carlos Benedito (1981). *Ensino pago, um retrato sem retoques*. São Paulo: Global.

PAIVA, Vanilda Pereira (1983). *Educação popular e educação de adultos*. 2ª ed. São Paulo: Loyola.

PEREIRA, Laércio Elias (1984). "A mulher no esporte: Um estudo sobre agentes de socialização". Dissertação de mestrado. São Paulo: USP.

POERNER, Artur José (1979). *O poder jovem*. 2ª ed. Rio de Janeiro: Civilização Brasileira.

QUEIRÓS, Carlos Sanches de. "Filosofia e educação física". *Estudos e Conferências*. Rio de Janeiro: Departamento de Imprensa e Propaganda, pp. 61-73.

RIBEIRO, Maria Luisa Santos (1982). *História da educação brasileira: A organização escolar*. 4ª ed. São Paulo: Moraes.

ROLIM, Inácio (1942). "Educação física nas classes trabalhistas". *Estudos e Conferências*. Rio de Janeiro: Departamento de Imprensa e Propaganda, pp. 75-87.

ROMANELLI, Otaíza de Oliveira (1984). *História da educação no Brasil*. 6ª ed. Rio de Janeiro: Vozes.

ROUYER, Jacques (1977). "Pesquisas sobre o significado humano do desporto e dos tempos livres e problemas da história da educação física". *In: Desporto e desenvolvimento humano*. Lisboa: Seara Nova, pp. 159-195.

SANFELICE, José Luis (1986). *Movimento estudantil: A UNE na resistência ao golpe de 64*. São Paulo: Cortez/Autores Associados.

SANTOS, Nilton (org.) (1980). *História da UNE: Depoimentos de ex-dirigentes*. São Paulo: Livramento, v. 1.

SÃO PAULO (ESTADO), Secretaria de Educação (1985). Coordenadoria de Estudos e Normas Pedagógicas. *Educação Física: Legislação básica*. São Paulo.

SAVIANI, Dermeval (1982). *Educação: Do senso comum à consciência filosófica*. 2ª ed. São Paulo: Cortez.

_____ (1983). *Escola e democracia*. São Paulo: Cortez/Autores Associados.

SAVIANI, Dermeval et al. (1983). *Filosofia da educação brasileira*. Rio de Janeiro: Civilização Brasileira.

SCHAFF, Adam (1986). *História e verdade*. 3ª ed. São Paulo: Martins Fontes.

SÉRGIO, Manuel (1987). *Para uma epistemologia da motricidade humana*. Lisboa: Compendium.

SILVA, Marinete dos Santos (1980). *A educação brasileira no Estado Novo*. São Paulo: Livramento.

WAIMBERG, Daisy (1981). "A longa jornada até o manicômio". *Folha de S.Paulo*, 13 de dezembro (Folhetim 256).